公共汽车和电车从业人员业务知识

上海市城市交通考试中心 编

中国建筑工业出版社

图书在版编目（CIP）数据

公共汽车和电车从业人员业务知识/上海市城市交通考试中心编. —北京：中国建筑工业出版社，2005（2023.10重印）
ISBN 978-7-112-07269-9

I.公… II.上… III.①公共汽车-城市运输：定线旅客运输-上海市-技术培训-教材②电车-城市运输：定线旅客运输-上海市-技术培训-教材 IV.F572.885.1

中国版本图书馆CIP数据核字(2005)第016787号

责任编辑：徐 纺 韦 然

公共汽车和电车从业人员业务知识
上海市城市交通考试中心 编

*

中国建筑工业出版社出版、发行（北京西郊百万庄）
各地新华书店、建筑书店经销
北京嘉泰利德公司制版
北京云浩印刷有限责任公司印刷

*

开本：850×1168毫米 1/32 印张：$6\frac{5}{8}$ 字数：190千字
2005年4月第一版 2023年10月第三十次印刷
定价：18.00元
ISBN 978-7-112-07269-9
(36237)

版权所有 翻印必究
如有印装质量问题，可寄本社退换
（邮政编码 100037）

前　言

公共汽车和电车作为城市公共交通的重要组成部分，在满足人民群众日益增长的出行需求中，其从业人员遵守职业道德、了解相关法规、掌握业务技能、提供优质服务对不断改善和提高营运服务质量非常重要。为此，根据公交行业近十年的教育培训实践，上海市城市交通考试中心组织编写了公共汽车和电车从业人员培训系列教材，用于岗前教育和在岗培训。《公共汽车和电车从业人员业务知识》是其中之一。本教材由陈军、徐伟鸿、林雅萍、周景先、王沪捷、俞福林等同志编写，吴清佑同志统稿，经李荣华、黄钟、冯甦民、唐志军同志审定，可作为公共汽车和电车从业人员岗前教育培训教材，也可作为职业技术学校、定向培训以及公共汽车和电车行业管理人员的参考用书。

本书较系统地介绍了公共汽车和电车驾驶员、乘务员、调度员上岗前应该了解掌握的有关业务知识。本书的编写主要考虑了实用性，力求符合从业人员上岗前的教育培训需要，但由于时间关系及编写水平所限，难免存在不足和差错，希望使用本教材的教师及读者予以批评指正。

本书在编写过程中，得到了严尧庚、茹文元同志的大力支持，在此表示感谢。

上海市城市交通考试中心
2007年2月

目 录

第一章　城市公共交通概述 ……………………………………… 1
　第一节　城市公共交通 …………………………………………… 1
　第二节　一体化交通系统 ………………………………………… 3
　第三节　上海公交发展史 ………………………………………… 5

第二章　公共汽车和电车驾驶员工作规范 ……………………… 8
　第一节　公共汽车和电车驾驶员作业规程 ……………………… 8
　　一、线路车出场报到制度 ……………………………………… 8
　　二、线路车出场、进场、交接班的操作规程 ………………… 9
　　三、线路车出场前的例行保养 ………………………………… 10
　　四、线路车进场后的例行保养和报修制度 …………………… 13
　　五、无轨电车的例行保养 ……………………………………… 14
　第二节　公共汽车和电车驾驶员安全操作要求 ………………… 14
　　一、线路车驾驶员的驾驶操作规定 …………………………… 15
　　二、车辆行驶时保持车距、起步、变速、停车要求 ………… 16
　　三、车辆进站的驾驶操作要求 ………………………………… 17
　　四、车辆滑行、交会车、超车的驾驶操作要求 ……………… 18
　　五、车辆通过路口、道口和上、下坡道的驾驶操作要求 …… 20
　　六、车辆通过隧道和涵洞的驾驶操作要求 …………………… 21
　　七、车辆通过高速公路、高架道路和黄浦江大桥的驾驶操作要求 …… 22
　　八、车辆在复杂路况和特殊气象条件下行驶的驾驶操作要求 …… 24

九、车辆在城镇繁华地段行驶的驾驶操作要求 …………………… 33
第三节　公共汽车和电车驾驶员服务规范 ………………………………… 35
　　一、担任公共汽车和电车驾驶员应具备的条件 …………………… 35
　　二、驾驶员服务规范 ………………………………………………… 35
　　三、驾驶员与乘务员的配合 ………………………………………… 36
　　四、突发事情的处理 ………………………………………………… 38
第四节　道路交通违法与交通事故的处理 ………………………………… 40
　　一、道路交通违法特征及构成交通事故的要素 …………………… 40
　　二、道路交通违法的分类及内容 …………………………………… 42
　　三、道路交通违法的处罚内容 ……………………………………… 42
　　四、常见的违法记分、处罚办法 …………………………………… 42
　　五、道路交通事故具体划分标准 …………………………………… 44
　　六、道路交通事故责任认定及驾驶员应负的法律责任 …………… 45
　　七、道路交通事故、客伤事故发生后应采取的措施 ……………… 47
　　八、道路交通事故以责论处范围及内容 …………………………… 50
第五节　安全行车心理学常识 ……………………………………………… 52
　　一、驾驶员的个性心理特征 ………………………………………… 52
　　二、驾驶心理活动规律 ……………………………………………… 53
　　三、人体的生理节律与安全行车 …………………………………… 55
　　四、驾驶员不良习惯与安全行车的关系 …………………………… 56
第六节　其他有关业务专业知识 …………………………………………… 58
　　一、票务管理 ………………………………………………………… 58
　　二、调度管理 ………………………………………………………… 59
　　三、车厢内的治安与防范 …………………………………………… 62

第三章 公共汽车和电车乘务员工作规范 …… 64
第一节 乘务员应具备的基本技能 …… 64
一、工作用语的内容及要求 …… 64
二、报站名的要求 …… 67
三、车门开关、信号设施的正确使用 …… 67
四、售、验客票工作 …… 69
五、乘务员与驾驶员的配合 …… 69
六、电车乘务员应具备的专业技能 …… 71
第二节 乘务员服务工作规程 …… 72
一、进、出场 …… 72
二、交、接班 …… 74
三、行驶途中 …… 74
第三节 乘务员基本业务知识 …… 77
一、违章乘车的识别与处理 …… 77
二、正确处理乘务矛盾 …… 78
三、熟悉沿线地理环境 …… 80
四、特殊情况处理 …… 82
第四节 公共汽车和电车票务管理 …… 87
一、票务制度的基本内容 …… 87
二、售票工作中特殊情况处理方法 …… 88
三、票务违章性质的划分及处理 …… 89
第五节 有关交通安全法律、法规 …… 91
一、交通信号的种类 …… 92
二、道路交通安全法有关内容 …… 93
三、道路交通安全法实施条例有关内容 …… 96

第四章 公共汽车和电车调度员工作规范 …… 98
第一节 调度管理和职能 …… 98
第二节 线网和线网优化 …… 99
   一、线网长度及线网密度的概念 …… 99
   二、线网优化调整的指导思想及目标 …… 100
第三节 公共汽车和电车的客流和客流调查 …… 101
   一、公共汽车和电车的客流及特性 …… 101
   二、客流调查 …… 110
   三、客流动态指标 …… 116
第四节 行车作业计划 …… 123
   一、概述 …… 123
   二、编制原则和依据 …… 124
   三、行车作业计划 …… 126
   四、调度形式的选用 …… 132
   五、编制行车作业计划的程序 …… 134
   六、行车时刻表的编制 …… 146
   七、值勤时刻表的编制 …… 154
   八、运行指标的结算 …… 157
第五节 行车现场调度和现场营运管理 …… 163
   一、行车现场调度方法 …… 163
   二、现场调度作业的原始记录和统计 …… 175
   三、现场营运管理和调度员工作程序 …… 183
第六节 常见事务的处理 …… 185
   一、特殊情况的处理 …… 185
   二、行车事故的现场处理 …… 187

三、乘客纠纷与乘客失物的处理 …………………………… 190
四、车辆常见故障简介 …………………………………… 192

第五章　新技术设备的应用 …………………………… 194
一、电脑报站控制器(BZJ-1、BZJ-1C、BZJ-2、BZJ-2C) …… 194
二、"IC卡自动付费系统" ………………………………… 196
三、出行查询 ……………………………………………… 197
四、智能化调度监控 ……………………………………… 199
五、公共交通电子动态显示系统 ………………………… 200
六、车用监视器 …………………………………………… 201
七、车辆行驶记录仪 ……………………………………… 201

第一章 城市公共交通概述

第一节 城市公共交通

城市公共交通是城市的命脉,是城市精神文明的窗口行业和促进经济、社会持续发展的基础,也是广大市民工作、生活及参加各项社会活动必不可少的重要公共设施,各国政府都把城市公共交通列为优先发展的市政建设工程。

城市公共交通是指城市及其所辖区域范围内供公众出行乘用的、经济方便的诸种客运交通方式的总称,包括公共汽车和电车、地铁和轻轨、出租汽车、轮渡以及索道缆车等客运交通方式。城市公共交通以满足市民出行需要为根本出发点,它的营运和管理突出"以人为本、服务为本"的理念并具有"先导性、服务性、窗口性、社会性、系统性"的特点和社会公益性的属性。作为城市公共交通基础的公共汽车和电车(以下简称公交),其营运服务是城市公共交通的主要组成部分,它按照固定线路、站点和规定时间的营运具有灵活方便、覆盖面广的特点,是满足中、短距离出行需求的客运服务方式,在为轨道交通乘客的接驳中,公交的客运方式具有重要作用。轨道交通作为城市一体化交通体系的主体,发挥着大容量、快速的客运交通优势,能满足市民中、长距离出行的需求,成为中心城区与新城区之间的快速通道。出租汽车作为城市一体化交通体系的组成部分,它的门对门客运服务方式能满足有特定需求的公众出行。

随着轨道交通网络的加速形成,公交行业改革的深化与完善,整个公共交通的营运服务水平正在不断得到提高。城市公交客运企业的基本任务是以营运服务为中心,为广大市民提供"安全、准点、迅速、方便、舒适、经济"的乘车需求，最大限度地节约市民在参加社会活动中用于出行上的时间，并为上海加快建成国际化的大都市，发展社会经济，提高广大市民的生活质量做出贡献。

作为城市公共交通基础的公共汽车和电车应具有的质量特性是：

1. 安全

安全是保障城市公共汽车和电车营运服务正常运作的基础。"安全第一、预防为主、综合治理"是公交行业安全工作的宗旨，公交营运服务只有在安全的前提下才能展开或不致中断，因此，公交从业人员在营运中除了做到行车安全外，保障乘客的乘行安全也是应尽的职责。

2. 准点

希望出行时间能够把握，顺利地完成乘行活动而不误事是乘客的普遍要求，也是公交营运服务的质量特性之一。公交客运的准点要求主要包括：准点发车、车距均匀和准点到达。

3. 迅速

迅速是公交客运企业为提高营运服务质量，减少乘客乘行时间而在营运组织中必须重视的问题，也是乘客的普遍要求。其主要内容包括乘客步行到站时间少、出行乘车全程时间短、候车时间少以及行车间隔时间短等。根据《上海市城市交通白皮书》的要求：加快发展公交优先通道，在内环线地面和"三纵三横"等主干路上建设公交专用道，在市中心区有条件的机动车单行道上允许公交车辆双向行驶，新开辟和调整若干条高架道路营运的线路以及市中心区公交车辆平均运送车速由现在的 12km/h 提高到 15km/h。2005 年本市四条道路中又有 21.6km 成为公交专用道，具体为四平路～中山南路（天水路～陆家浜路）；中山南一路～中山南二路（陆家浜路～东安路）；福州路（山东路～云南路）单向；南浦大桥～中山西路（虹桥路～肇嘉浜路～陆家浜路），公交专用道累计达到 36.7km。

4. 方便

为公众的出行乘车提供方便是城市公共交通组织者的重要工作，要做到线网布设合理而且密度均匀，站点设置合理，便于乘客换乘。根据《上海市城市交通白皮书》的要求，分区域优化、调整公交线网，如市中心城区，削减不合理的重复线路，适当降低车辆密度，增加与轨道交通接驳的线路。市中心区轨道交通一般设置2条以上公交线的过境站点，外围区轨道车站一般配置3~5条公交接驳的起讫站。

5．舒适

舒适主要包括公交客运企业为乘客提供的乘车设施和乘客乘行途中所得到的精神愉悦。根据《上海市城市交通白皮书》的要求，公交客运加大车辆更新和清洁能源使用的力度，启用大容量、大功率的公共汽车和电车，加快淘汰启动慢、转弯半经大、污染严重的车辆，中巴车辆退出市区线路，"十五"期间更新公交车9628多辆。同时，公交客运从业人员要不断增强服务意识，在营运服务中真正做到态度亲切和蔼、礼貌待人、耐心周到、服务规范，使广大乘客真正享受到"宾至如归"的客运服务。

6．经济

公共汽车和电车是大众化的出行交通工具，公众在城市公共交通各种客运方式中乘用公共汽车和电车，在实现"到达目的地"这一目标上所化的代价最少、最经济，因此而受到青睐。同时，公交行业的社会公益性属性，使其价格不可能完全由企业按客运市场需求来定，在政府给以必要的财政扶持和适当的调控下，能够为公众提供经济的出行交通服务。

第二节　一体化交通系统

上海将在未来15年中基本建成现代化国际大都市，并成为国际经济、金融、贸易、航运中心之一。同时，随着城市化步伐的加快，市民对交通服务的要求也将越来越高,迫切需要形成综合性强、效率高、能为市民提供多种选择的一体化交通。为此,上海制定了城市交通发展战略的总体目标,要构筑国际大都市一体化交通,以优质、高效、整合的巨型交通体系,建设一个畅达、安全、舒适、清洁的大都市一体化交通体系,以适应不断增长的交通需求和全面提升城市综合竞争力。

1. 一体化交通的基本特征是人性化、捷运化、信息化、生态化。

人性化——以满足人的交通需求为出发点。

捷运化——以快速、大容量公共交通为运输主体。

信息化——广泛应用交通信息技术。

生态化——创造宜人的交通活动空间。

2. 一体化交通的基础是规模巨大、功能完善、安全可靠的交通设施。要在保持轨道交通和道路建设快速平衡发展的同时,加强枢纽设施、停车设施、管理设施的建设,发挥一体化交通的综合效应。

(1) 目前中心城区已建成"四桥(杨浦、南浦、卢浦、徐浦)六隧(外环线隧道、大连路隧道、延安路隧道、复兴东路隧道、打浦路隧道、翔殷路隧道)"越江设施,将黄浦江两岸的道路交通连成了一片,2007年,中心城区以内越江车道总数将达到70条,可基本解决"越江难"问题。随着中环线的加快建设,中心城区内由内环线、中环线、外环线和延安路高架、南北(共和路)高架、逸仙路高架、沪闵路高架形成的快速交通网和日益改善的地面道路交通设施,将使中心城区的道路更为畅通。

(2) 枢纽是实现各种交通方式有效转换的关键环节。市内客运枢纽是城市交通的关键设施,对合理布局公交线网、引导客流走向、方便乘客换乘、提高运转效率将起到积极的作用。建设"停车-换乘"枢纽(例:自行车与公交的"停车-换乘"),将在一定程度上拓展公交站点的服务范围,建成多式联运的交通衔接系统。通过便捷的客运枢纽，紧凑的站点设置，为乘客创造方便的乘车条件。通过"停车－换乘"系统，实现公共交通与个体交通的有效转换，建成协调的公共交通服务体系，使各种不同的公共交通客运工具根据不同的功能定位，合理分工，紧密衔接。

(3) 智能交通系统的核心与基础是交通信息化，上海的交通信息化建设取得了很大成绩，道路监控与监视系统、公交查询系统和站牌信息显示系统等相继投入使用。

3．一体化交通的目标是提供"畅达、安全、舒适、清洁"的交通服务。

(1) 畅达——要满足市民选择最合适的交通方式便捷地完成出行，市中心城区绝大多数市民出行在一小时之内完成。

(2) 安全——要降低交通事故率，全年交通事故死亡率在万分之五之内。

(3) 舒适——要为市民出行提供宽松、良好的乘车条件。

(4) 清洁——要减少交通污染，全市机动车氮氧化物年排放总量在3.5万吨以下。

第三节 上海公交发展史

上海开埠前已是我国东南名邑，海上交通和贸易相当发达，当时唯有轿子作为客运交通工具。随着城市的发展，商业发达，人口增加，各种交通工具进入上海，例如马车、人力车、独轮小车，但都是一些非机动车。

1901年匈牙利人李恩时携带两辆汽车来上海，这是上海第一次有汽车，也是中国引进汽车之始，尔后逐渐增多，至1908年增加到119辆。

1908年3月5日上海第一条有轨电车线路通车营业（英商电车电灯公司）从静安寺至上海总工会（今东风饭店）门前，全长约

6km。随后法租界电车也在5月6日通车营业，从十六铺至善钟路（今常熟路），同年延至徐家汇全长约8.5km。

上海创办公共汽车较晚，第一条线路于1922年8月7日通车营业（华商公利汽车公司），从周家渡至周浦镇。

1945年9月8日上海成立了上海市公共交通公司筹建处，负责管理和协调上海的公共客运事业。上海的营运车辆一律靠右行驶就是筹建处在1946年规定并实施的。

1949年5月27日上海解放，5月28日上海军事管制委员会军事代表接管了上海市公共交通公司筹建处。当时上海有营业线路44条，线路总长度613km，公交车辆934辆，年客运总人次2.3亿人次。

1950年7月上海正式成立上海市公共交通公司，隶属上海市公用事业局领导，管辖市内国营客运（汽车和电车）企业。经过30多年的发展，到1984年底，上海市公共交通公司下辖9个汽车场和3个电车场，有营业线路264条，线路总长度4136km，公交车辆4703辆，年客运总人次超过45亿人次。

20世纪80年代起，上海公共交通出现日益加剧的"乘车难"矛盾，上海市公共交通公司为提高营运服务质量，于1985年8月，根据客运地域进行了内部体制改革，将汽车二、四场和电车三场组建成第一分公司，将汽车一场和电车二场组建成第二分公司，将汽车三、六场和电车一场组建成第三分公司，保留了汽车五场（浦东）、汽车七场（金山）、汽车八场（崇明）和汽车九场（宝山）的建制，当年公交车辆增加900辆，拥有数达到5036辆，年客运总人次达到50亿人次。

根据上海公共交通的发展形势，1988年11月，上海市政府决定上海市公共交通公司升格为上海市公共交通总公司，撤销了上海市公共交通公司内部第一、第二、第三分公司建制，建立公交九个汽车公司和三个电车公司，当年营业线路增加到347条，公交车辆增加到5988辆，年客运总人次达到近56亿人次。

1992年开始，针对"乘车难"矛盾，上海市政府鼓励社会力量办公交客运服务，出台了专线车营运政策。随着社会客运专线的出现，打破了国有公交公司独家经营公共汽车和电车客运的垄断局面。在国有企业改革的进程中，1996年，上海市政府对上海市公共交通总公司进行了"体制、票制、机制"的改革，当年取消了使用几十年的公共交通乘车月票；撤销了上海市公共交通总公司；成立了上海市公共交通客运管理处（简称公交处），作为市公用事业局（后改为城市交通局）下属的一个职能部门，对公交经营单位实施行业管理。上海市公共交通总公司撤销后，其下属的公交汽电车公司实现了独立经营，和客运专线经营企业一起形成了国有企业、股份制企业和中外合资企业共同经营、相互竞争的格局，促进了本市公交客运行业的发展，也显著改善了公交服务供应能力，方便了市民的出行。

2005年，上海城市交通管理实施了"三位一体"改革（即政企分开、区县差别化管理和事业单位改革），在撤销公交处、出租处等九个事业单位的同时成立了上海市城市交通执法总队、运输管理处、业务受理中心和考试中心，在上海市城市交通管理局的领导下，2006年1月1日起，上海城市交通管理形成了新的格局。

截止到2010年9月，上海的公共汽车和电车客运企业有34家，公交营运线路1194条，营运车辆17000余辆，日均客运量750.7万人次，日均营运里程为313.5万公里。

第二章 公共汽车和电车驾驶员工作规范

公共汽车和电车驾驶员在城市公交的营运生产中起着十分重要的作用,其基本任务是驾驶营运车辆,将乘客安全、准点、迅速、方便、舒适地送往目的地。公共汽车和电车驾驶员工作规范是完成这一任务的一项保障措施,是通过长期的操作实践,在汲取大量经验和总结事故教训的基础上产生的,是指导和规范公共汽车和电车驾驶员操作技术的行为准则。

第一节 公共汽车和电车驾驶员作业规程

一、线路车出场报到制度

公共汽车和电车线路的每一天正常营运是从行车人员的出场报到开始,出场报到制度的执行好坏,将直接影响到线路的正常营运。因此,每一个驾驶员要严格遵守出场报到制度,确保线路的正常营运。

线路车驾驶员要严格遵守以下报到制度:

1. 驾驶员要提早15分钟到场(站)调度室向值班调度员报到。

2. 驾驶员要向值班调度员报告路别、姓名或职号并领取行车路单。

3. 驾驶员要核对行车路单,看清值勤车号、出车时间以及车辆停放区域,根据调度员签注的发车点做好出场准备。

公共汽车和电车线路驾驶员一定要树立非常强的时间观念,如延误了出场报到的规定时间,就有可能使车辆不能按时出场,由此可能使整条线路的运行秩序、安全行车以及规范服务受到影响。作为公交客运单位经营的一项重要管理制度——出场报到制度,不仅能反映驾驶员出勤的情况,也便于调度员掌握各车组的出勤情况,一旦发现问题及时调配人力,保证车辆按时出场(或站发)。

二、线路车出场、进场、交接班的操作规程

(一)车辆出场驾驶员操作规程

车辆出场是指线路车驾驶员从报到开始至车辆到达始发站的过程。驾驶员要严格执行出场作业规程。

1. 驾驶员在驾驶车辆出场前必须随身携带驾驶证、行驶证、随车工具,并在指定部位放置营运证、服务监督卡和其他服务标志。

2. 认真做好对车辆出场前、进场后的例行保养工作(具体介绍见后)。

3. 车辆出场必须用低速缓行,并按场内限速标志和行进方向顺序出场,不得争先恐后,以免堵塞出场通道。

4. 车辆出场后应逐步提高车速,适时调整发动机进风口百叶窗,保持发动机工作温度在 80~90℃,并注意车辆底盘有无异响。

5. 按指定的时间、路线、安全、准点到达站点。

(二)车辆进场驾驶员操作规程

车辆进场是指驾驶员完成一天的营运任务后,按调度员指令将车辆驾回到本单位,在做好车辆例行保养和报修工作后离开工作岗位的这一过程。驾驶员必须认真执行操作规程。

1. 车辆进场要按照规定的路线、时间(或调度员指令)准时进场,途中不逗留,遇阻不急躁,不盲目开快车。

2. 车辆进出大门、倒车时,车速应控制在 5km/h 时以内,在场内行驶车速限止 10km/h。倒车时需乘务员配合,站位应在车辆的左后方或右后方位置,并保持一定的安全距离。

3. 车辆进场后应加足燃料,按指定地点停放并按"熄火顺序"操作,关闭气、电路开关,关闭驾驶室门、窗。

(三)车辆交接班驾驶员操作规程

车辆交接班是指车辆在线路上行驶时,下班驾驶员和上班驾驶员交接车辆的过程。公交车辆在线路上的运行时间,一般一天长达

9

十几小时，有时需有2～3名驾驶员通过交接来完成营运任务，如驾驶员不能按规定交接班，往往造成营运秩序的混乱，侵害了乘客的权益并给企业带来不良影响。因此，驾驶员在交接班时必须做到：

1．接班驾驶员应按规定时间、地点提前到达等候接班，不得延误。

2．交班驾驶员应将车辆技术状况和道路交通状况向接班驾驶员作简要介绍，接班驾驶员应检查车身、路别标志是否完好，轮胎气压、油箱存油是否充足，有无"四漏"现象。

3．接班驾驶员未按时接班，交班驾驶员不得停车等候，应正常运行到终点站，向调度员说明情况，听从调度员安排，不得中途弃车而去。

三、线路车出场前的例行保养

车辆保养按其作业性质分为例行保养、定期保养、走合期保养、换季保养。定期保养按照一定的周期又分为一级保养、二级保养、三级保养和车身保养。例行保养是各级保养的基础，是保持车辆外观整洁、防止机件在运行中发生故障的预防性维护作业，由驾驶员每天在出车前和进场后负责执行。

出车前的例行保养主要包括车辆清洁和车辆检查两部分。

（一）车辆清洁

整洁的车辆能为乘客营造一个舒适的乘车环境，也体现了公交企业职工的精神风貌，出车前车辆清洁工作的主要内容是：

1．打扫驾驶室内部地板；

2．擦净驾驶室门窗、仪表板、座位等；

3．清洁挡风玻璃；

4．清洁车辆的轮胎和钢圈；

5．车厢和车身外部的清洁工作。

（二）车辆检查

由于公共汽车和电车线路上运载乘客的客车车型不一，车辆上某些零部件的安装位置不同，因此，在对车辆进行例行保养时，一般采用先外部后内部、先右侧后左侧、先车前后车尾、先上部后下部的顺序作业方法，避免遗漏检查项目。

车辆检查的主要内容是：

1. 检查车辆外部及附件，如车身油漆、车窗玻璃、前（后）视镜及雨刮器，各种照明灯及指示灯总成是否完好。

2. 检查轮胎气压是否正常，清除轮胎花纹间杂物和后轮两轮间夹杂物，检查轮胎螺母和半轴螺母是否紧固，有无脱落。

3. 检查钢板弹簧和骑马攀螺栓是否紧固有效。

4. 检查转向机构、横直拉杆等各连接部位是否牢固可靠，轮向是否灵活。

5. 检查油箱的储油量、曲轴箱内的机油量、水箱的水量、制动油量（液压制动车）以及水箱盖、燃油箱盖、灭火机是否齐全。

6. 检查风扇皮带和空气压缩机皮带的松紧度。当皮带张紧的情况下，用手在皮带中心处以 3～4kg 压力能按下 10～15mm 为正常。风扇皮带过松容易使皮带打滑，造成发动机过热，充电发电机发电不足；过紧时，会使皮带、发电机轴承和水泵轴承等加速磨损。空气压缩机皮带过松会使空气储气筒气压降低，造成制动失灵，车门不能开启。

7. 检查发动机的高、低压导线连接处是否完好，空气压缩机、机油滤清器安装是否牢固。

8. 按发动机的启动操作要求启动发动机。

（1）关好百叶窗。

（2）拉紧手制动器，踏下离合器，将变速杆放入空档，合上电源闸刀。

（3）接通点火开关，稍踩踏油门，冷发动时适当拉出阻风门，操纵启动机进行起动（每次启动时间不超过 5 秒钟，间隔时间大于 10 秒钟，柴油机启动前应先将气缸电加热）。

（4）发动机启动后不可以猛吹油门、急速运转来提高温度，聆听发动机有无异响。待发动机升温至 60℃、储气筒压力达到 0.5MPa

时方可挂档起步。

（5）冬季发动前必须做好气缸预热工作（发动前加注热水），使发动机温度上升至30～40℃再启动。

9. 检查仪表工作是否正常。

（1）电流表：用来显示蓄电池的充电或放电状态。指针指向"－"表示放电，指向"＋"表示充电，单位为A（安培）。在发动机转速达到1200转／分钟转以上时，电流表指针应指向充电范围。有些车型采用充电指示灯，蓄电池放电时指示灯亮，充电时指示灯灭。

（2）机油压力表：用来指示发动机在运转时，润滑系统的机油压力。各种类型汽车发动机的机油压力应以出厂规定为准，一般正常值在0.2～0.4MPa。

（3）气压表：用来指示气压式制动装置储气筒内空气压力。当气压降低到规定压力以下，低气压警报装置便会发出报警声。若发现发动机提速后，气体压力不能随之上升，则应查明原因，故障排除后方可行驶。气压式制动必须当气压大于0.5MPa时，才能达到安全有效的制动效果。

（4）水温表：用来指示发动机的水套内的冷却水温，发动机正常工作时的温度一般为80～90℃。

（5）燃料油表：用来指示油箱内燃料油存量。表盘上"1"，"1/2"，"0"分别表示"满"、"一半"、"空"。

10. 检查车辆相关部位有无漏油、漏水、漏气、漏电（即"四漏"）。

11. 检查手、脚制动器是否正常有效。手制动拉紧后，用低速档不能起步，放开后无阻滞现象。脚制动能及时减速、停车，制动时无声响、不发振、制动作用均匀。

12. 检查方向盘、离合器及制动踏板的自由行程，离合器的分离性能和变速杆的操纵性能是否正常。

13. 检查喇叭、各种照明灯和指示灯、雨刮器是否完好，调整后视镜及前视镜角度,检查车门能否开闭。

线路车驾驶员除做好例行保养外,还应注意汽车走合期的驾驶操作和保养。

由于新车、刚大修过发动机的车辆机件零部件表面未充分研磨,零件间的相互位置、配合间隙还存在一定的偏差,因此,在行驶初期的一定里程内——"走合期",须让车辆在较低负荷和较低车速下运行,使机件得到良好磨合,以延长使用寿命。

(三)驾驶员在车辆走合期内应注意的事项:

1．发动机润滑系统内应加注优质机油,并定期调换新油。

2．冷车发动后,不得高速运转,起步后应低速行驶,使各部分传动机件获得充分润滑。

3．降低行驶速度,及时变换档位,避免发动机负荷过大。

4．适当降低车辆载重量。

5．经常注意发动机有无异声,车辆连接及传动机构有无松动、异响、异常发热等现象。

6．按时送修理部门进行走合期内的保养。

四、线路车进场后的例行保养和报修制度

(一)车辆进场后的例行保养

车辆经过一天的行驶,各部机构和零件可能产生自然松动、磨损以及车身积污垢,车厢内的其他设备可能损坏等。驾驶员进场后,应结合行车过程中发现的情况,对车辆作一次检查,如有故障应及时报修,使车辆处于良好的技术状况,保证次日能顺利出车。进场后例行保养的主要内容是:

1．检查车身、玻璃、各种灯光外罩、路牌标志有无损坏,雨刮器是否完好。

2．检查轮胎气压并根据需要充气;清除轮胎花纹间和两轮间夹物。

3．对压缩空气制动车辆应放尽贮气筒积水,放尽积水后关闭好开关。

4. 检查钢板弹簧总成的连接紧固状况。

5. 检查有无漏油、漏水、漏气、漏电等"四漏"现象。

6. 冬季回场后必须放净水箱和发动机内的冷却水（加注防冻液的车辆除外），以防发生冻缸事故。其他季节应定期更换冷却水，以免冷却系统水循环受阻。

7. 检查各种灯光、方向指示灯、喇叭是否完好。

8. 定期检查蓄电池的电解液，电解液液面应高出极板10～15mm，不足时可加蒸馏水，蓄电池盖气孔应保持畅通。

9. 清洁车身内外及驾驶室内部。

（二）车辆进场后的车辆报修制度

车辆进场后，驾驶员必须认真做好进场后的例行保养，并应结合运行情况将车辆故障及不正常现象如燃料、润滑油消耗过大、发动机动力不足；车身或车厢其他设备损坏等情况及时报修，便于车间修理人员及时维修。

车辆报修应填写报修单，报修单各项栏目逐一填写清楚不要遗漏，如不能用文字准确表达，除填写情况外还应向维修人员面述。

五、无轨电车的例行保养

无轨电车对城市污染小，操作较汽车简便。无轨电车例行保养的主要内容除检查车辆车身清洁、玻璃、各种灯光外罩、路牌、雨刷器等均可参照汽车的例行保养外，还应检查：

1. 接地链条；

2. 左、右绳箱、接绳、保险绳、绝缘子、滑履、滑块；

3. 空气压缩机自动开关工作状况（0.5～0.55MPa打开，0.75～0.8MPa关闭）。

第二节 公共汽车和电车驾驶员安全操作要求

公共汽车和电车的线路运行是指驾驶员从始发站开始，一直运行到最后一圈的终点站或按调度员指令驶离营运路线的过程。线路车辆驾驶员在运行中应严格遵守道路交通法规并按线路车驾驶员作业规程进行操作,树立"安全第一、服务至上"的思想,积极为乘客提供"安全、准点、方便、迅速、舒适"的乘车条件,圆满完成一天的营运任务。

一、线路车驾驶员的驾驶操作规定

1. 驾驶车辆时,坐姿端正、双目正视、看远顾近、视线成扇形、双手稳握方向盘,除操纵其他机件设备外,不得单手操作。操纵各种开关时,手不得穿越方向盘。

2. 控制车辆加速踏板时用力要均匀、平稳、及时,左脚不能无故长时间搁在离合器踏板上。车辆滑行时,右脚必须搁在制动踏板上。

3. 驾驶车辆时思想集中,不准吸烟、饮食和闲谈,不准带耳机收听录音广播,不准使用手机。不准穿拖鞋(或鞋当拖鞋)驾驶车辆,视力矫正带眼镜者未戴眼镜不准驾车。不准故意挤逼、戏弄他人或用其他方法妨碍他人的交通安全,饮酒后不准驾驶车辆,车门未关好时不准行车。

4. 按行车时刻表的规定时间走好"三正点"(始发站、中途、终点站)。始发站做到"三提前"(车辆提前进站、提前开门上乘客、提前为乘客服务)。行驶中途不抢档、不在站点滞留、逢站必停,不得任意停车上、下客,严格执行行车纪律。

5. 行驶中经常观察各种仪表、指示灯,注意车辆是否存在异响、异味。发现车辆有影响安全和可能造成严重后果的故障,应即停车检查或联系抢修。

6. 行驶中发现有人吊攀门窗或听到乘务员打急铃应立即就地靠边停车。

7. 车辆发生火警,应立即停车挂进低速档,拉紧手制动,切断电源并立即打开车门,组织乘客有序下车,切忌惊慌失措。必要时使用车载灭火器灭火并向消防部门求救。

8. 空调车驾驶员应当正确操作车辆空调设施；车辆空调设备发生故障不能正常工作的，应及时报修，修复后方可投入营运。无人售票车的驾驶员应当正确、及时地使用电子报站设备。

二、车辆行驶时保持车距、起步、变速、停车要求

（一）车辆行驶保持车距操作要求

车距通常是指车辆在行驶或停车时前后两车之间的距离。车距与安全行车有着密切的联系，因车距不当而发生事故比较常见。因此，驾驶员在营运中应做到：

1. 根据行驶速度、天气、路面情况同前车保持必要的间隔距离；途中停车车距应保持在1.5m以上，车辆在坡道上停车车距不小于2.5m。

2. 跟随前车行驶时，应时刻注意前车动态，以前车的速度和制动信号灯、转向灯的指示来正确掌握车速和车距。遇堵车时不急躁，防止发生追尾事故或因紧急制动而发生客伤事故。

3. 行驶中遇有情况时，应以刹车为主，不以侥幸心理冒险绕越。做好文明行车，不以喇叭当命令。遇有肢残、盲人、病弱、年迈等行动不便者，切忌使用长声或急促喇叭令其让路、快行，避免因受惊吓而发生意外事故。

4. 严禁采用"人去车到"或"车去车到"的危险操作方法，避免因行人突然驻足、后退，车辆突然减速、紧急制动而发生碰撞事故。

（二）车辆起步驾驶操作要求

1. 车辆起步：车辆启动前须观察左、右后视镜，前视镜及车前有无异常情况。启动发动机时不轰油门，缓匀加速，不冲、不仰、不逐、不熄火。

2. 出站起步：起点站应提前上车做好发车准备。起步听铃声，看清车门指示灯和后视镜及车前情况，开启左转向灯，用低速档徐徐斜出，不争道抢行。

3. 上坡起步：上坡起步时，油门离合器、手制动配合恰当（三

联动），严禁先松手制动，防止车辆倒溜。上坡时做到按动力适时换档，不无力强扭，不猛吹、急爬。

4．冰雪、泥泞道路起步：冰雪泥泞道路起步用低速档，油门不宜过大，防止打滑横溜。

5．车辆起步时，必须关闭车门，关闭车门时要看清是否有人上下，避免客伤事故。

（三）车辆变速驾驶操作要求

1．起步后应根据发动机的动力逐级变速，低速档不长吹。

2．变速时离合器与进、退排档的配合动作和谐、利索、轻快。不强推硬拉，做到不逐、不响、不强扭。

3．根据道路交通情况适时变换档位。

（四）车辆停车驾驶操作要求

1．车辆停驶，应在驶入停车位置前减速缓行。停妥后，按"熄火顺序"操作，即①挂入低速档；②拉紧手制动器；③关闭电门；④抬离合器踏板；⑤抬脚制动踏板。应避免排档未放入空档，猛抬离合器踏板使车辆前冲。开启驾驶室门时，应看清车外情况，防止突然打开车门碰撞行人或妨碍其他车辆行驶。

2．坡道停车时必须踏住脚制动，拉紧手制动。如离开驾驶室，应关闭电源开关。上坡停车变速器应挂入低速档，下坡停车应挂入倒档并在驱轮上垫好障碍物，防止车辆溜动。

三、车辆进站的驾驶操作要求

1．车辆进站时，应距站牌100～30m开启右转向灯，距站牌30m时，车速降到15km/h以内（冰雪道路应控制在5km/h以内），不抢拦正在行进的非机动车，并注意有无行人突然走下人行道。无人售票车的驾驶员应及时打开电脑报站器。

2．停车时，车辆靠边停直，后门对准站牌，车辆右轮外侧离人行道边沿30～50cm，遇停靠站点的前车间距不小于1m。停车后，无人售票车驾驶员应做好督促乘客投足钱币或预售票入箱工作，并耐心解答乘客问讯。

3．多辆车（三辆车以上）到站，应执行第二次停车（有现场值勤指挥除外）；两辆车到站（后车未满载），做到前车不起步，后车不关门。

4．遇站点秩序混乱时，应先将车辆靠边后进站，见拥即停，不准强行进站或越站停车。

5．车辆不得在站点滞留候客，影响其他车辆进站。

四、车辆滑行、交会车、超车的驾驶操作要求

（一）车辆滑行驾驶操作要求

车辆行驶中，切断发动机的动力传动，利用汽车的惯性行驶称为滑行。滑行操作使用得当对节约油料有明显效果，如使用不当则危及行车安全。因此，滑行操作必须在交通规则和道路情况许可的条件下进行。同时必须做到：

1．车辆滑行时右脚必须搁在制动踏板上，随时做好制动准备。

2．遇特殊气候（冰、雪、雨、雾），在经过弯道、积水道路、油污路面、隧道、铁路和道路交叉点及上、下桥（坡）时，必须挂档行驶。

（二）车辆交会车驾驶操作要求

交会车是指两辆车在同一道路上相对行驶时，从各自的车头交会至车尾相错而过的过程。线路车在线路上行驶，与来车交会的机会很多，交会车时必须做到：

1．会车前应看清来车的车型、装载状况和道路情况，适当降低车速，选择恰当会车点靠右行驶。会车时尽量放宽横距，如横距过小应做到礼让三先，即先让、先慢、先停。如路面狭窄，不能与非机动车保持安全距离时，则严禁超越非机动车交会车，切忌"三点"一线。

2．在与对方行驶或停驶车辆（如线路车停站、货车装卸货物等）交会车，以及绕越同方向停驶车辆时，应注意车前、尾后的动态，防止驾驶员突然开门和行人、自行车突然穿出。

3．在没有划中心线的道路和窄路窄桥会车须减速靠右通过，并

注意非机动车和行人的安全，会车有困难时，有让路条件的一方让对方先行。

4．在有障碍的路段，有障碍的一方让对方先行。

5．在狭窄的坡路，下坡车让上坡车先行，但下坡车已行至中途而上坡车未上坡时应让下坡车先行。

6．夜间在没有路灯或照明不良的道路上须距对面来车150m以外互闭远光灯，改用近光灯；在窄路、窄桥与非机动车会车时，不准持续使用远光灯。

(三) 车辆超车驾驶操作要求

1．超车的前提条件

超车是指在同一条车道上行驶的车辆，后车超越前车的行为。并非所有的后车超越前车的行为都是超车，只有在非多车道的道路上同方向行驶车辆之间的相互超越，才能确定其为超车。

2．超车遵守的规定

(1) 超车前须开左转向灯、鸣喇叭（禁鸣地段除外，晚上变换远、近光灯），确认安全后，从被超车的左边超越，在同被超车保持必要的安全距离后，开右转向灯，驶回原车道。

(2) 被超越的机动车在条件许可的情况下，必须靠右让路，不准故意不让超车或加速行驶。狭路让道不宜过分靠边，避免影响非机动车正常行驶或因路基松软使自己车辆下陷。

(3) 在超越非机动车时，特别应注意自行车动态，掌握"七逢"常规（逢友会并、逢闹会看、逢空会穿、逢慢会超、逢塘会绕、逢阻会停、逢碰会倒），尽量放宽横距，发现有不正常情况应及时减速停车。

3．不允许超车规定

(1) 前车正在左转弯、掉头、超车时，不准超车；

(2) 与对面来车有会车可能时，不准超车；

(3) 前车为执行紧急任务的警车、消防车、救护车、工程救险车时，不准超车；

(4) 行经铁道路口、交叉路口、窄桥、弯道、陡坡、隧道、人行横道、市区交通流量大的路段等没有超车条件的，不准超车。

五、车辆通过路口、道口和上、下坡道的驾驶操作要求

（一）车辆通过路口驾驶操作要求

各种车辆在路口集散、变换方向形成了车与车之间的冲突和交织，容易造成交通拥挤、堵塞和发生事故。为了保证交通安全和畅通，通过路口的基本要求是：降低车速、注意观察、遵守交通法规。路口的交通信号标志分为无信号灯指挥和有信号灯指挥两种。

1．无信号灯指挥路口通行规定

（1）支路车让干路车先行。支、干路不分的非机动车让机动车先行，但右转弯的机动车应让同方向直行的非机动车先行；转弯车让直行车先行，同为直行车或转弯的非公共汽车或电车让公共汽车或电车先行；同类车让右边无来车的车先行。相对方向同类车相遇左转弯的车让直行或右转弯的车先行，进入环形路口的车让已在路口内的车先行，通过没有信号控制的人行道须注意避让来往行人。

（2）机动车须在距路口 100～30m 的地方减速慢行，转弯车须同时开启转向灯，夜间将远光灯改近光灯。有导向车道的路口按行进方向分道行驶，遇有行进方向交通阻塞时，不准进入路口。

2．有信号灯指挥路口通行规定

距路口 100～30m 减速，转弯车辆开启转向灯，夜间远光灯改为近光灯，严格遵守红灯停、绿灯行的原则。必须熟悉交通先行权和通行权规定，即被放行的车辆享有先行权；通过有行人信号灯的人行横道时，被放行的行人在横道内通行享有先行权；被放行的直行车辆和转弯车辆相遇时直行车辆享有先行权；左转弯车辆与对方非机动车相遇，左转弯的机动车享有先行权；在有交通民警指挥的路口则以交通民警的指挥手势为准。

（二）车辆过铁路道口驾驶操作要求

1．遇有道口栏杆关闭、音响器发出报警、红灯亮或看守人员示意停止行进时，应将车辆依次停在停止线以外，没有停止线的停在距外股铁轨5m以外。

2．通过无人看守道口须停车瞭望确认安全方准通过，通过铁路道口不准熄火空档滑行。

3．在道口抛锚应招呼乘客下车，以减轻车辆自重，并发动乘客或行人帮助将车推出道口，在紧急情况下应挂低速档，直接用启动机将车辆驶离道口。

（三）车辆上、下坡道驾驶操作要求

车辆在坡道上行驶，由于重力的作用，造成了上坡阻力和下坡分力增大。坡道越长，坡度越大，上坡阻力和下坡分力亦越大。

1．车辆上坡时，为保持足够的动力，可利用冲坡、提前换入低速档来增加驱动力。遇上坡起步，油门、离合器、手制动器三者配合须协调，当离合器抬到近动力接触点时，应踩踏比平地起步更大的油门，然后松手制动器，确保车辆有充足的动力克服上坡阻力平稳起步。如一旦发生发动机熄火或车辆后溜，应立即制动停车，拉紧手制动后重新起步。

2．车辆下坡时，主要是抑制惯性力的释放。可挂入中速档，右脚放在制动板上，利用发动机的制动去控制下坡速度。

六、车辆通过隧道和涵洞的驾驶操作要求

隧道有单车道和双车道之分，要顺利通过隧道，应按下列操作方法进行：

1．进入隧道前，应注意交通标志和用文字说明的规定，严格遵守执行。

2．进入隧道，由于视觉一时适应不了光线明暗的变化，应提前减速，待视觉适应后方可加速，出隧道时亦如此。

3．通过隧道的车辆，必须依次排队，不得无故超越、抢前或插档。在通过单车道隧道时，应该使车辆在道路中间行驶，时速不得超过40km，以防对方来车。在通过双车道的隧道时，应靠道路右侧以正常速度行驶。

4．隧道内不得无故停车，一则是为避免造成交通堵塞，二则是

由于隧道中充满了汽车排出的有害废气，对人的身心健康不利。

5．若通过隧道时，车辆突然发生故障，应立即打电话通知中央控制室，请求将车牵引出隧道，从而进行故障排除，以免堵塞交通。

6．涵洞的主要特点是高度受到绝对限制。车辆能否通过涵洞，主要是由净空高度所决定的。因此，在通过涵洞前，应预先减速，注意观看交通标志上所指示的净空高度，然后检查车辆高度是否在允许通行的范围内，必要时可停车核实，决不可粗心大意盲目通过。涵洞一般宽度不宽，视线较差，应密切注意前方情况，以免发生意外。

七、车辆通过高速公路、高架道路和黄浦江大桥的驾驶操作要求

（一）高速公路的驾驶操作要求

尽管高速公路的道路条件较好，视野开阔，但如果不了解高速公路的行车规定，不掌握在高速公路上的驾驶操作方法，比较容易造成行车事故。

1．车速规定：设计最高时速低于70km/h的机动车辆，不得进入高速公路。机动车辆在高速公路上正常行驶时，最低时速不得低于60km。最高时速小型客车不得超过120km，其他机动车不得高于100km，但遇有限速交通标志或者限速路面标记所示时速与上述规定不一致时，应当遵守标志或者标记的规定。遇大风、雾、雨、雪天或者路面结冰，应减速行驶。

2．在高速公路主干道上行驶的机动车辆，应遵守右侧通行的原则，即在前方无车或无其他障碍的情况下，必须在右侧车道内行驶。当前方遇有障碍或前车车速低于后车车速时，后车可以变换到左侧超车道超车，超车后如右侧车道前方无障碍时，仍应驶回原车道。

3．行驶中，还应注意保持足够的前距。时速超过100km，应与同车道前车保持100m以上的距离，时速低于100km时，与同车道前车距离可以适当缩短，但最小距离不得少于50m。遇雨雾、冰雪

天还应增加一倍以上前距。同时，还应不时地扫视后视镜，特别在转换车道时，更须注意看清后车情况，保持一定的距离，并发出转向信号。在出入口处，应对出入高速车道的车辆预先作出充分的估计，保持好相应的车距和做好其他预防措施。

4. 实习驾驶员不准驾车进入高速公路。

（二）高架道路的驾驶操作要求

车辆在高架道路上行驶，除了遵守交通规则的各项规定外，还必须遵守下列规定：

1. 高架路划分为快速车道和慢速车道，同方向划分为两条机动车道的，自中心分隔带依次向右，第一条为快速车道，第二条为慢速车道；同方向划分为三条机动车道的，第一第二条为快速车道，第三条为慢速车道。

2. 除有限速标志规定的路段外，在正常通行的情况下，快速车道的时速规定为 70~80km，慢速车道的时速规定为 50~80km，时速低于 70km 的应改在慢速车道行驶。

3. 高架道路上行驶的车辆不得任意变道，需要变换车道的，不得一次连续变换两条车道，变换车道时不得影响其他车辆的正常行驶。

4. 在高架道路上，车辆不准掉头、倒车，不准临时停车。遇特殊情况必须停车时，须紧靠道路右侧边缘停车，并在车后 20m 外的地方设置警告标志，同时开启危险信号灯，夜间还须开启车宽灯和尾灯。

5. 上匝道车辆驶入慢速车道前，应让在慢速车道内通行的车辆先行；快速车道的车辆需下匝道时，应提前变换至慢速车道，未及时变换车道的，不能紧急停车或突然变道，不准掉头或倒车，必须从下一匝道口驶离。

6. 车辆发生交通事故或抛锚，应立即报告交通警察或通过报警电话报警，需徒步报警的，应紧靠道路右侧边缘行走，无关人员不得随意下车。

(三) 通过黄浦江大桥的驾驶操作要求

1. 在大桥上通行的车辆必须严格按照交通标志线所示的车道、时速行驶。

2. 在大桥上不准任意停车、驾驶教练车和试刹车。

3. 车辆因故抛锚时，应将车辆靠停在右侧车道，并立即开启危险报警闪光灯或在车后设置紧急停车标志。

八、车辆在复杂路况和特殊气象条件下行驶的驾驶操作要求

(一) 涉水驾驶操作要求

车辆涉水时，由于水的阻力和浮力作用，会引起汽车的重量减轻，从而使车轮和路面的附着能力减弱，行驶阻力增大；又由于水流的波动冲击，车轮容易侧向滑移，稳定性受到一定影响，加上水底坎坷不平，影响了车辆的操纵性，为此驾驶员必须做好涉水前的准备工作，确保涉水驾驶的安全。

1. 涉水前的准备

(1) 车辆涉水，应在发动机运转正常、转向和制动机构灵活可靠的情况下进行。

(2) 涉水前要查清水深度、流速流向和水底的路面情况，以及进出滩的条件。通常情况下应选水浅、底硬、两岸坡缓、水流稳定、两岸距离最短的地方涉水。

2. 操作方法

(1) 涉水时，应使用低速档，平稳地徐徐下水，以防水花溅湿高低压电线、分电器和发动机。

(2) 行驶中，应保持足够而稳定的动力，一气通过，尽量避免中途停车、变速和急剧转向。

(3) 如发现车轮空转时，要使发动机保持运转，然后用人力或其他车辆帮助拖出水洼地。

(4) 行驶中，应以固定物为目标，不可凝视水面，以免视觉错乱，致使方向失误，驶出路线之外。

(5) 在积水地段内停站时，必须提前降速。必要时，还可用手

制动帮助停车。但在使用手制动时，应慢慢拉紧，决不可猛拉，以免损坏传动机件。

（6）水深超过车轮轴心，则应停驶或绕道行驶。

（7）出水后用低速档行驶一段路程，同时轻踏制动踏板，挥发掉制动蹄片上的水分，以尽快恢复车辆的制动效能。只有待车辆的安全、技术状况均已处于正常，才可重新正常行驶。

（二）泥泞及翻浆道路驾驶操作要求

泥泞、翻浆路面附着系数小，给车辆的正常行驶带来了困难，如急转弯、突然加速或减速以及紧急制动都可能会发生侧滑。行驶中的车辆发生侧滑时，危险性很大，当制动侧滑时，容易与来往的车辆发生碰撞，车辆侧滑严重时，还会造成翻车事故。

操作方法：

1．车辆通过泥泞、翻浆路段时，应选择路质硬、泥泞较浅的路面行驶，左、右车轮尽量保持一致；有车辙的地方可沿车辙行驶，若路面有积水，极易造成陷车，应特别注意；若发现路面有土堆或坑洼时，提防底盘撞土堆或车轮陷入坑内，必要时应修整路面后再通过。

2．根据道路的泥深程度，提前换入中速或低速档，匀速通过，尽量避免中途换档或停车，以免造成熄火、起步困难。

3．当驱动轮陷入泥坑打滑时，应请乘客下车，并请乘客和过路人帮助将车推出。如仍不能驶出，则应挖去轮下的泥浆，就近寻找砖块、石子等物，铺垫在被陷轮下，以增加被陷轮的附着力，然后以低速档将车驶出。必要时可请其他车辆牵引出泥坑。

4．当车辆产生侧滑时，应立即放松加速踏板，将方向盘向后轮侧滑的一边打方向，待车辆恢复正直后，方可继续行驶，切忌猛转方向或紧急制动。

（三）雨、雾天气的驾驶操作要求

1．雨天驾驶操作方法

在雨天气候的道路行驶车辆，有三个特点：1）视线障碍较大，能见度差；2）道路滑湿，车辆的制动距离加长，制动非安全区扩大；3）自行车、行人匆匆行路，因有雨具的遮挡，不注意让道，当发觉车辆时，往往距离很近，容易惊慌失措。因此在雨天行车，必须掌握气候变化规律、车辆行驶的特点，及早采取预见性措施，谨慎驾驶。

(1) 久旱初雨：雨水和路面上所积聚的油污、尘灰、轮胎橡胶粉末、郊区公路上的泥土相混合，形成滑溜的混合剂，特别在渣油含量高的路面上，附着系数大为降低，溜滑异常。驾驶员在操作时，会感到转动方向盘份量变轻，制动减速停车缓慢，甚至发生向前或向左右滑溜，严重威胁安全行车。所以，在行车时必须格外谨慎，除了密切观察外界各种行人、非机动车、机动车的动态外，在操作上，应严格控制行车速度，多使用发动机制动，严禁空档滑行。遇情况或停站时，必须提前减速，轻踏制动踏板，如感到车辆有滑溜时，应立即放松制动踏板，改用手制动器，禁止脚制动过重或紧急制动。转弯使用方向盘应注意适当提前量，避免急转急回。

驾驶前还要检查鞋底，如果鞋底给雨水浸湿、沾上污泥，必须擦抹干净，以防止踏下制动或离合器踏板时滑脱。

(2) 蒙蒙细雨：雨点虽细却下个不停，雨刮片刮不清挡风玻璃上的雨点，因而视线模糊。行人、骑车者因有雨具的遮挡，致使视觉、听觉都受到影响，对交通情况不易看清，往往会突然转弯或横穿道路，加上路面湿滑，更容易跌倒。驾驶员首先应擦去挡风玻璃上的尘灰，尽可能保持挡风玻璃的清晰度。行驶中注意控制车速，并与各种车辆、行人保持较大的前距和横距。在驾驶时，应采用防滑操作。

(3) 久雨不晴：路面早已冲刷一清，滑溜程度亦随之减轻，但若车速过快或胎面花纹磨损过多，则轮胎不是直接与路面相接触而是和雨水相接触，易产生"水滑"，也会使车辆的方向失控，从而造成事故。所以，对此决不可掉以轻心，车速必须控制。

久雨后，郊区公路的路基松软，因而交会车时，不宜过于靠边，以防陷车、侧滑。

（4）阵雨、暴雨前，乌云笼罩大地，狂风大作，尘埃飞扬，霎时昏天黑地，视线不清。行人、骑车者往往会因天气骤变，而埋头急奔，车前车后乱窜，以寻找避雨处所。故遇此情况，驾驶员必须谨慎慢行，注意观察动态，以防万一。

因视线不清，路面湿滑，故必须按照湿滑路的操作方法驾驶，必要时，还可开启防眩目近光灯，以示意来车与行人。

特大暴雨时，若视线太差，不可冒险行驶，应选择安全地段靠边暂停，停车时车辆不得停放在路口或弯道上，并应开启示宽灯和尾灯以示目标。

2. 雾天驾驶操作方法

对于各种恶劣气候，最使驾驶员感到困扰的还是迷雾。因在迷雾笼罩下，能见度很差，当发现情况时距离已很近。在雾天行车，精力须高度集中。在忽冷忽热的气候条件下，会经常出现迷雾，有时还会长时间不散，严重影响行车安全和运输任务的完成。因此驾驶员必须掌握雾中行驶的特点和操作方法。

（1）雾天行驶时，应按交通规则的规定，开启防雾灯（黄灯）或近光灯和尾灯。能见度在 30m 以内时，最高时速不准超过 20km。通常能见度在 5m 时，应当停驶，停车时，车辆不得停放在路口和弯道上，并应开启示宽灯和尾灯。

（2）雾天行车时，可以路边的行道树、电杆木或交通标线为目标，不论道路上有无中心线，车辆都不得超过道路中心行驶，以免对面来车避让不及。同时，还须注意行人、自行车的动态，谨防意外。

（3）雾天行车时，因视距短、路面湿滑，制动效能大为降低，车辆易打滑，故必须保持足够的行驶间距。

行驶时，可鸣短声喇叭，以提示车辆与行人。如听到来车喇叭声时，应鸣短声喇叭回答。

（4）雾天的交叉路口或弯道，是交通事故易发地段，这是因为驾驶员看不清交通指挥信号、标线、标志，还不易及时发现横向来车，在弯道上，一时难以辨别弯向，所以在到达路口或弯道前，更应放慢车速、细心观察、谨慎前进。

郊区公路上的迷雾往往一阵淡一阵浓，当刚进入浓雾时，很容易盲目行驶，误把弯路当直路，错把河面当路面，以致开出路外、翻车、撞树等。所以遇到浓雾，不可盲目冲入，必须先降速甚至停车，待看清情况后，再缓慢通过。务必使视线不受或少受影响。

（四）高温气候条件下的驾驶操作要求

酷暑季节，气候炎热，发动机功率下降，润滑油黏度变小而造成润滑不良，加快机械磨损，车辆故障增加。由于气温高，发动机散热差，造成发动机温度过高，冷却水易沸腾，燃料系统易产生"气阻"。由于气温高，驾驶室的温度也持续升高，驾驶员容易产生疲劳。所以，在高温气候驾驶车辆时，驾驶员应掌握高温气候条件下行车特殊性和与之相适应的操作方法。

1. 正确处理高温气候下车辆机械上的几个问题

（1）发动机过热

在高温下行车时，发动机容易"开锅"，主要是冷却系统散热不良所致。故行驶时，须注意观察水温表工作情况，水温表读数不要超过95℃。如水箱因散热器缺水而沸腾时，应靠边停车。加水时，必须使发动机怠速运转，然后用冷水慢慢地浇在上水室外面，再打开加水盖。在开盖加水时，必须防止蒸汽喷出，烫伤人体。

（2）气阻与爆振

当燃料系统发生气阻时，可用冷水冲浇汽油泵，然后打开汽化器进油管接头，扳动汽油泵手摇臂，排除管内空气，使汽油充满油管，同时用浸湿的棉纱覆盖于汽油泵上，以冷却散热，减少气阻。

在高温下，发动机由于过热，会产生突爆现象，进而影响发动机动力。故应将点火时间推迟少许，并可酌情减少主量孔和省油装置的出油量。

（3）制动效能下降

在高温下行车时，车辆制动效能会下降，尤其是液压式制动系统制动效果会更差。因为液压制动器的制动皮碗会膨胀，制动液会"气化"，致使液压制动失灵，引起事故。所以驾驶时必须随时注意检查车辆制动性能，当踏下制动踏板时，感到软弱无力或制动效能下降，应停车降温，并检测制动液的数量，如制动液突然减少，要检查渗漏原因，同时按规定补足制动液。

（4）高温引起爆胎

路面经烈日曝晒，温度较高，车辆长时期在高温路面快速行驶，极易使轮胎温度与压力升高，若处理不当，容易引起爆胎，甚至酿成事故。因此当胎温、胎压过高时，应及时选择荫凉通风处稍作停歇，待胎温、胎压自然下降到正常后，再继续行驶，切忌采用凉水浇胎。

2．操作方法

（1）高温季节，渣油路面在烈日曝晒下会变软，甚至烊化。车辆制动时，表层的渣油会沾在轮胎上被揭起，制动性能大为降低。另外在沥青路面上若散落有大量细砂石，亦会降低制动效能。所以在这两种道路上行驶时，若遇有情况，制动必须适当提前，以防制动距离不足而造成事故。

（2）盛夏季节，驾驶员在行车前必须注意休息，尽量保持充足睡眠，使精力充沛。同时由于驾驶室里温度较高，容易引起中暑，故可随带清凉饮料及预防中暑药品，以备服用。如行驶途中，驾驶员感到精神倦怠、昏沉欲睡时，应即停车休息，亦可用凉水洗浇头部，待清醒后再予以驾驶。

（五）严寒气候条件下的驾驶操作要求

在低温条件下，车辆起动困难，润滑油脂黏度增大，起步、加速费力；冰冻积雪易使轮胎打滑；汽车上的金属、塑料、橡胶等制品，质地变脆，容易损坏；驾驶员穿的衣服较厚，操作不灵活，所有这些都会给行车安全带来困难。因此，除了必须认真做好对车辆的冬季换季保养工作外，还应注意下列事项：

1. 发动机预热

出车前应做好发动机预热工作，即加注热水或用蒸汽对发动机预热。预热发动机不但可便于起动，而且对节约汽油和减少发动机磨损有很大好处。发动机前置的，车辆在加热水时，应将两边窗打开，使空气流通，以防水蒸气凝结在挡风玻璃上，影响视线。不能用热水冲挡风玻璃上的积雪和霜冻，以防玻璃膨胀破裂。

2. 低温下的行驶和停驶

（1）车辆初驶时，由于润滑油变厚，流动性差，不能很快达到应有的润滑作用，此时若高速行驶，机件极易磨损，因此必须使用中速档，均匀地加速，车速不超过15km/h，以免损坏传动机件。在严寒季节，道路常会冰冻、积雪，以致溜滑难行。故正常行驶时，亦必须按冰雪路与湿滑路的操作方法进行驾驶，车速应控制在20km/h左右。

（2）严寒季节因驾驶室内、外温差很大，会在挡风玻璃上形成薄冰，从而妨碍驾驶员视线，故行驶时可撑起发动机盖稍许，使暖气自缝中冲向挡风玻璃。

（3）车辆进场停驶后应放去发动机和散热器内的存水，以防冻裂水箱（加注防冻液的除外）。气压式制动的车辆，还应放净储气筒内的残存气体。

3. 冰雪道路的驾驶操作方法

大雪纷飞时，视线不清，道路不明，积雪会使行驶阻力增加。路面结冰时，轮胎对地面的附着力减小，车轮容易打滑，同时，制动距离也大大延长，这就给行车安全带来了很大困难，稍不慎便会发生事故。因此为确保安全，驾驶员必须掌握冰雪路的驾驶操作方法。

结冰路面滑溜难行，除了须按湿滑路的操作方法驾驶外，还应注意下列各点：

（1）起步时，应缓抬离合器，油门不宜过大，以防止车轮滑转或侧滑。

(2) 行驶中,车速要严格控制,时速不得超过 20km,车速应平稳,切不可突然加速或减速。严禁脱档滑行。如遇情况要采用不分离发动机的制动法制动,不得使用紧急制动,以防侧滑。

(3) 寒冬季节,人们往往头戴风雪帽或用围巾裹头,以致视听不灵,同时在结冰路上,行人与自行车容易突然滑倒,故必须放宽前距和横距,以防意外。

(4) 在结冰路上行驶时,选择路面是很重要的。道路中有车辙的应顺车辙行驶;没有车辙可循的,应走道路中间;若路面倾斜或一边有危险的,则应该走平坦和安全的一边,但不要忽左忽右,应尽量保持直线行驶。

(5) 结冰路面会车时,应提前降速,选择宽平地点,加大横向间距,缓行交会,避免停车交会。

行驶中若遇前方有车辆行驶,则保持的前距须比平时增大两倍以上。在路口不能抢先占道强行通过,做到"礼让三先"。

(6) 在结冰路上转弯时,速度要慢,转弯半径要大,不可急转急回,以防侧滑。若发现车辆侧滑,则必须放松制动踏板,使车轮保持滚动,并将方向盘朝车尾侧滑的方向转动少许,可使车辆稳定下来。

(7) 在通过桥坡时,应视坡度大小,选用适当的低速档行驶,尽量避免中途变速或停车。下坡时,应挂入低速档,严格控制好车速,若遇情况要降速或停车时,必须采用间断制动法,不得使用紧急制动。

(8) 车辆在进站、停站、转弯、进入路口、交会车等情况需制动降速时,应尽量利用发动机的牵阻作用来降速,甚至可利用"抢档",即倒变速来降速制动。另外,停站不要过于靠边,因路边的路面倾斜度较大,若过于靠边,容易产生侧滑,造成碰撞乘客、栏杆、站台等事故。

(六) 夜间行驶驾驶操作要求

夜间行车时,由于灯光照射范围和亮度有限,视界受到约束。

同时，行驶时灯光随车频频晃动，以及城市街道设置的各种颜色霓虹灯光、穿梭而过的车灯灯光均会对视觉产生干扰，眼睛容易疲劳甚至会造成错觉，影响驾驶员对地形与行驶的正确判断，给安全行车造成一定困难。夜间行驶必须先做到熟练操纵灯光开关和正确使用灯光。

1. 灯光的使用

灯光具有照明和信号两方面的作用，必须根据具体情况灵活应用。

(1) 熟知所驾车型灯光开关的位置。

(2) 需开启或关闭灯光时，左手应稳握方向盘，身体略向前倾斜，以右手去操纵所需的灯光开关。在开或关时，两眼应注视前方，不低头下看，严防车辆偏离正常行驶路线。

(3) 车前灯和尾灯开启时间，一般应与路灯开启时间相同，若遇阴暗天气或视线不清时，可以提前开灯。

(4) 机动车在夜间路灯照明良好或遇阴暗天气视线不清时，须开防眩目近光灯、示宽灯尾灯；夜间没有路灯或路灯照明不良时，须将近光灯改用远光灯。通过路口，应距路口 100~30 m 关闭远光灯，改用近光灯；或变换远、近光灯示意，如果转弯还应打开转向灯。

(5) 夜间车辆起步或中途停车，因视线受到限制，为了避免发生危险，应先开灯后起步和先停车后闭灯。

(6) 如因故需中途停车，应将车辆紧靠道路右侧停放，并开启示宽灯和尾灯，以使来往车辆能看清停车位置。

(7) 夜间在没有路灯或照明不良的道路上，须距对面来车 150 m 以外互闭远光灯，改用近光灯；在窄路、窄桥与非机动车会车时，不准持续使用远光灯。

2. 夜间驾驶的操作方法

(1) 夜间驾驶，出车前认真做好车辆的例行保养工作，特别是灯光设备，要全部逐个检试，确保良好可靠。

(2)夜间行驶的车速应比白天低些,即使道路平直和视线较好,也应考虑到道路两侧顾及不周等弱点,车速不宜过快,以警惕突然事件的发生。在驶经弯道、坡路、桥梁、狭路和不易看清的地方,更须减速缓行,并随时作好停车的准备。

(3)会车时,必须发扬风格,做到安全礼让。预先选定宽阔、平坦、安全的交会点,掌握好车速,看清车辆的左、右两侧情况,注意避开路旁的行道树,在有利地点进行交会车。如遇窄路和有障碍物路段,不适合交会时,应选择适当地点主动停车避让。

在会车过程中,有时为了进一步看清行驶路线,可短暂开启远光灯,但应尽量避免。有会车灯装置的可开启会车灯,以增强照明度。当两车车头交会后,再开启远光灯。如果来车未及时关闭远光灯,可在减速的同时,用连续明、灭大灯示意,切忌以强光对射,以免影响对方视线,甚至酿成车祸,必要时可靠边停车礼让。

(4)夜间行车应尽量避免超车,只有在前车速度很慢、道路宽阔、对方又无来车的情况下,方可超车。在超车前可反复明、灭灯光或使用喇叭示意,等前车让路后,方可超越。

(5)通过繁华地段,由于各种灯光和霓虹灯交织辉映,对视线颇有妨碍,若在雨后,还会出现光线反射,加上各种车辆和行人的增多,所以要格外注意瞭望,降低车速,听从交通民警的指挥,注意各种信号,谨慎通过。

(6)夜间如需倒车或掉头,必须下车看清进退地形、上下及四周的情况,然后再倒车或掉头。

(7)当行驶的前方出现了红灯,应引起重视,同时还必须分清究竟是信号灯、防护灯、车辆的后灯还是交通管理人员发出的信号,以采取相应的措施。另外在夜间观察判断红光,似乎比实际位置要远些,所以在驶近信号灯位置时,要留有余地。

九、车辆在城镇繁华地段行驶的驾驶操作要求

城市、集镇中的车站码头、文化体育场馆、商业街道、广场、医院等地及周边地区是城镇的繁华地段。繁华地段由于人员流动频繁拥挤，车辆来往密度大，交通情况复杂，给安全行车带来了极大的影响，因此在繁华地段行车，应严格遵守交通规则，正确判断各种行人、各种车辆的动态，合理运用驾驶操作技术，以策安全。

在繁华地段驾驶，特别要注意对下列行人动态做出正确的判断和处理，这是确保行车安全的一个重要环节。

1. 小孩的特点是活泼好动，贪玩好奇，思想单纯，且不懂得交通规则。他们喜欢在马路上追逐玩耍，有的小孩为了取回自己的玩具（如皮球、汽球等），会不顾一切朝正在驶近的车辆跑来……，所以，驾驶员遇到上述情况时，应鸣号、缓行或停车避让；当发现皮球等儿童玩具滚至车前时，应及时制动，以防不测。

2. 老人多数感觉不灵敏、行动缓慢、走路不稳，容易受惊跌倒。有些老人即使发现汽车驶来，仍旧慢慢吞吞，躲避动作不明显；有的则因耳聋眼花，听不到喇叭声或看不到汽车驶来，当然就更不知道避让。遇到这种情况时，驾驶员切不可急躁。如道路较宽，可以从其后缓行通过；如道路较窄，则不能过分靠近，而应降速甚至停车，待老人通过后再前进。

3. 外地人因人地生疏、交通不熟，往往东张西望，在很远处看见汽车驶来，就急忙闪避到道路的一边，但待汽车临近时，又感到自己所处地方不安全，以致惊慌失措，左右徘徊，甚至会向道路的另一边跑去，从而造成险情。遇有这种行人，驾驶员必须注意观察，提前减速，并设法使车辆在离他们较远处驶过，严禁绕越行驶，一旦发现险情，应立即停车，待他们安定下来后，再继续行驶。

4. 盲人的听觉一般都很灵敏，敏感性强，走路小心。通常听到汽车喇叭声或汽车行驶的声音，就马上避让，但又不知道自己应如何避让，往往是欲避却不敢迈步。遇有上述情况，驾驶员必须密切观察其动态，并减慢车速。切不可鸣号不止，免使他们无所适从而跌倒，以致发生危险。

5. 聋哑人无听觉，对话只能用手势，走起路来往往只顾自己一味向前，对车辆的鸣号毫无反应。行驶中，遇到聋哑人时，必须谨慎小心。凡是遇到对车辆鸣号毫无反应的行人，就都应考虑到他（她）可能是听觉失灵者，应该尽快减速，然后设法由离其较远处通过。

6．痴呆者和精神病人的基本特征是神态反常，他们有的情绪低落、呆头呆脑、自言自语；有的嬉皮笑脸、手舞足蹈、乱叫乱喊；遇到这种病人，必须设法低速缓绕而行，决不可对其恫吓或用武力驱赶。

7．酒醉人的特点是神志模糊，摇摇晃晃，走路不稳，行动难测，不能正常控制自己的行为，甚至还会耍酒疯，从而造成群众围观，交通阻塞。遇到这些酒醉行人，为了防止其跌倒或扑向车前，必须密切观察其动态，能过则过，应停则停，切勿随意冒险行驶。

第三节　公共汽车和电车驾驶员服务规范

为了规范本市公共汽车和电车客运从业人员的服务操作，提供安全、准点、迅速、方便、舒适的营运服务，根据《上海市公共汽车和电车客运管理条例》的有关规定，客运管理部门制定了客运从业人员的服务规范。

一、担任公共汽车和电车驾驶员应具备的条件

公共汽车和电车驾驶员应当具备下列条件：

1．有初中以上文化程度；

2．有一年以上驾驶年限；

3．有市运管处颁发的合格证件；

4．遵守国家法律、法规。

二、驾驶员服务规范

（一）驾驶员在车辆行驶前，应当符合以下要求：

1．穿着行业规定的统一识别服，保持衣着整洁，仪表端正；

2．按规定放置服务监督卡及其他有效的营运资格证件；

3．做好例行保养，保持车辆性能完好和车厢内外清洁；

4．在起点站提前上车，做好发车准备；

5．按照指令，在关好车门后准时发车。

（二）驾驶员在车辆行驶中应当做到规范操作、安全行车：

1．服从调度，按核准的线路、走向、班次、车辆载客限额营运；

2．关妥车门后平稳起步；

3．正确判断情况，适当运用制动；

4．车辆转弯减速慢行，避免车辆左右晃摆；

5．按站停靠，靠边停直，不在站点滞留；多辆车同时到站停靠时，第三辆及以后车辆必须执行二次停站；共用招呼站有乘客要求上下车，应当停车；

6．做好分段准点行驶，保持正常的行车间隔；

7．车辆因故不能继续行驶，应当向乘客说明情况，并协助乘务员安排乘客转乘同线路、同方向的车辆，同路线、同方向车辆的驾驶员不得拒绝；车辆发生故障，按照有关规定实施退票；

8．维护车厢内的乘车秩序，服从客运管理人员的监督、检查；

9．无人售票车驾驶员还应解答乘客问询，验看乘客投币，正确操作电子读卡机，在行驶中除了安全开关车门外，还要正确使用好电脑报站器，报清车辆行驶方向和到达站名；

10．空调车驾驶员应当正确操作车辆空调设施；车辆空调设备发生故障不能正常使用，应当及时报修，修复后方可继续营运。

三、驾驶员与乘务员的配合

要保证公交营运的顺利进行，为乘客提供安全、迅速、方便、准点、舒适的服务，驾驶员和乘务员就必须相互团结、相互配合、相互督促。驾驶员的主要任务是确保行车安全，正点运行，保持行车平稳。乘务员的主要任务是热情周到地为乘客服务，主动售清客票，努力减少逃漏票。双方之间配合默契才能完成公交基本任务。

（一）配合的意义

1. 确保乘客安全

高峰时间上下车比较拥挤，此时，保证乘客上下车安全就显得尤为重要。特别要掌握在什么情况下允许起步离站，在什么情况下驾驶员可根据乘务员要求紧急停车等。只有准确掌握上述情况，驾驶员和乘务员密切配合，才能确保安全，避免事故发生。

2. 确保行车正点

客流变化是影响车辆正点运行的主要因素之一，司乘配合对保证正点运行非常重要。走好正点不仅取决于乘务员快速的售票技能，保证到站及时开门、关门，并根据客流量变化做好疏导使乘客下得快、上得快，还取决于驾驶员行驶中保证正常速度和停站后的及时起步。

3. 确保行车安全

驾驶员安全行车的有力助手是乘务员。当车辆出入站、行驶在复杂路段特别是拐弯时，驾驶员都需要乘务员的积极配合，提醒慢行、注意安全。据调查，车辆一个班次一天拐弯、进出站近 200 次，一年将达 5 万次之多，稍有疏忽，后果不堪设想。因此，驾驶员得到乘务员的支持配合非常重要。

4. 提高服务质量

车厢是一个整体，驾驶员的安全行车，正点运行需要乘务员的协助配合。乘务员要搞好车厢内服务也必须得到驾驶员的协助配合，两者之间只有相互协作，相互配合，才能最终做好优质服务工作。

（二）配合的方法

1. 根据沿途各站客流规律和乘务员在特殊区段向乘客进行宣传的需要，驾驶员应调整车速为乘务员做到一站之间售清车票以及提高车厢的宣传效果创造条件。

2. 在早晚高峰客流量最大的路段，驾驶员停站时应做到车门对准站牌，减少乘客前后奔跑的麻烦，避免乘客产生不满情绪。

此外，在营运中遇到特殊情况时，也需要驾驶员和乘务员的密切配合。如中途抛锚、中途遇到障碍需要绕道行驶、车厢内发生了特殊情况需要直接开往医院或公安部门时都需要密切配合，以取得乘客的支持和理解，否则会遇到不必要的麻烦甚至会发生服务纠纷。驾驶员和乘务员的团结互助、协同配合，是保证行车服务质量、提高营运服务效益的关键。

四、突发事情的处理

公共汽车和电车在路线上营运，不可避免地会受到各种因素影响而发生一些突发情况，若处理不当或处理不及时会影响到乘客的出行，影响到行业声誉。对此，驾驶员既要掌握一些基本业务知识和处理方法，又要具有对突发性事件的应急处理能力，及时妥善地处理好这些问题，以保证营运秩序的正常。

（一）营运因故中断

在公交的营运过程中，有时会遇到一些特殊的情况，使正常的营运服务因故中断。如所行驶的道路上发生行车 客伤 事故、所行驶的道路某处发生火灾或重大治安事件等造成临时交通封锁或车厢内发生乘客急病等情况造成无法继续营运，乘客往往会产生烦躁情绪，特别是去车站、机场、码头线路的乘客，烦躁情绪更激烈，会与行车人员发生矛盾。在这种情况下，驾驶员一定要头脑冷静，避免与乘客发生正面冲突，应遵守以下操作要求：

1. 将因故无法继续营运的情况向乘客说明，并作好解释工作；
2. 对于有急事的乘客，应设法提供乘坐其他线路的转乘方法；
3. 应听从交通民警和道路管理人员指挥，不得随意改道、绕道；
4. 应及时向上级有关部门汇报无法继续营运的情况，请示善后处理的方法。

（二）车辆中途抛锚

营运中的车辆，有时因机件设备故障抛锚停驶，造成无法继续营运，这会影响到乘客的正常乘车情绪，成为与驾驶员发生纠纷的导火线。因此驾驶员应本着适当解释、安抚情绪、疏散乘客的原则及时妥善处理。具体作法：

1. 找出抛锚原因，向乘客作好解释工作，取得乘客谅解，指引乘客免费转乘同线路同方向的车辆。

2. 及时与终点站联系，让调度员心中有数，掌握主动。

3. 应尽快与报修部门取得联系，及早修复。

4. 因抛锚车辆导致道路阻塞时，应动员乘客一起将车辆推至路边。

(三) 车辆冒烟起火、漏电

营运中的车辆，偶尔会因多种原因突然发生冒烟起火、漏电等意想不到的情况，此时驾驶员应沉着、冷静，本着避免人身伤亡、减少事故损失的原则，果断采取措施加以解决。具体作法：

1. 驾驶员要熟悉车辆车门气路开关的位置，一旦车辆起火，迅速把门泵内压缩空气放掉，防止因停电而使车门不能开启。

2. 车辆一旦冒烟起火，应立即打开车门，疏散乘客。随后驾驶员应迅速将车辆靠边停妥，切断电源（电车首先拉下集电杆），关闭点火开关，采用各种灭火手段。必要时立即向消防部门报告。

3. 电车一旦漏电，驾驶员应立即停车并切断电源。如地面潮湿，驾驶员下车时不要触及车身，双脚同时跳下，先拉下外档（左边）集电杆，再拉下里档（右边）集电杆后，方可动员乘客下车。

4. 电车在运行途中，若遇架空线网断落下垂，且地面潮湿时，应采用绝缘体将下垂于地面的架空线钳断或拴起，并做好现场的保护、解释工作，以免行人触电。同时要立即报告电车供电所抢修部门以及通知本线路调度员。

(四) 车厢乘务矛盾

车厢中由于各种原因发生意见分歧的争论、纠纷、冲突或对抗等情况统称为"乘务矛盾"。它包括乘客与乘客之间、行车人员与乘客之间以及行车人员与其他人员之间的矛盾。

正确处理车厢乘务矛盾，巧妙化解各种乘务纠纷，创造一个文明和谐的乘车环境，是乘客的需要，也是确保行车安全、维护正常营运秩序的需要，更是社会主义精神文明建设的需要。

常见车厢乘务矛盾的处理对策:

1. 乘客之间发生纠纷

乘客与乘客之间因各种原因发生纠纷,作为驾驶员应在条件许可的情况下予以制止,以免事态扩大,奉行大事化小、小事化了原则,切忌火上浇油,不要随意偏袒一方。如因纠纷造成人身伤害、财物损失等情况,驾驶员不要随意停车放当事人下车,应当通知公安部门,必要时应协助公安部门寻找目击证人,以防不必要的法律纠葛。

2. 乘务员与乘客纠纷

当乘务员与乘客发生纠纷时,驾驶员应劝解制止,在了解纠纷原因后,应采取合适的措施,不要偏袒乘务员,应站在公正宽容的立场,本着解决矛盾的原则,妥善处理。

3. 驾驶员与乘客纠纷

在车辆营运过程中,驾驶员是严禁与乘客发生纠纷的。但在值勤中遇到不讲理的乘客,如:指责驾驶员开慢车,未到站想下车等而引起的行车纠纷,驾驶员应向其解释有关交通法规、服务规范,晓之以理,以理服人。必要时可采取请其他乘客评理的方式来缓解矛盾、消除纠纷。当有些乘客在劝阻无效情况下,仍然坚持要与行驶中的值勤驾驶员发生纠纷,并可能产生危及安全行车的情况下,驾驶员应立即将车辆靠路边停妥,必要时可通知公安部门来处理。切忌发生驾驶员边驾驶车辆边与乘客争吵的情况。

第四节 道路交通违法与交通事故的处理

一、道路交通违法特征及构成交通事故的要素

(一)道路交通违法特征

交通违法对交通安全直接构成危害。"违法是事故的前因,事故是违法的后果",这是人们从血的教训中总结出来的一条结论。为了减少或避免交通事故的发生,就必须杜绝交通违法。

1. 道路交通违法的定义

道路交通违法是指人们违反道路交通管理法规，妨碍道路交通秩序，影响道路交通安全和畅通，侵犯公民交通权益，依法应受公安机关行政处罚的行为，也简称违法。

2. 道路交通违法的特征

（1）行为的危害性。道路交通违法行为对社会、国家和公民的权益具有危害性。

（2）行为的违法性。道路交通管理法规，是我国社会主义法律规范的组成部分，是由国家权力机关或行政机关制定的用于管理道路交通的行政法规，违反了它便是违法行为。

（3）行为的情节轻微性。交通违法是情节轻微的违法行为，是依照我国法律的规定，尚不构成犯罪，不需要进行刑事处罚制裁的违法行为。

（4）行为的应受处罚性。交通违法是应当受处罚的行为。实施处罚的必须是法律授权的国家专职机关——公安机关，处罚的类型只能是行政处罚。

（二）道路交通事故的构成要素

1. 道路交通事故定义

道路交通事故是指车辆驾驶人员、行人、乘车人以及其他在道路上进行与交通有关活动的人员，因违反《中华人民共和国道路交通管理条例》和其他道路交通管理法规、规章的行为，过失造成人身伤亡或者财产损失的事故。

2. 构成道路交通事故必须同时具备以下四个要素和三个常规条件

四个要素是：

（1）事故必须是发生在道路上的；

（2）事故必须是因违法行为造成的；

（3）事故必须有损害后果；

（4）当事人在主观上必须有过失。

三个常规条件是：

（1）当事人各方至少有一方使用车辆；
（2）至少有一方车辆是在运动中；
（3）必须具有交通性质。

二、道路交通违法的分类及内容

根据不同角度按一定条件，可以对道路交通违法进行以下分类：

1．按交通违法的主体可分为：自然人违法和法人违法。

2．按违法行为人实施违法行为的主观状态可分为：故意违法和过失违法。

3．按交通违法的行为所侵犯的直接客体可分为：危害交通安全的违法、危害交通道路畅通的违法、危害交通秩序的违法和侵犯他人交通权益的违法。

4．按违法的情节轻重可分为：轻微违法、一般违法和严重违法。

三、道路交通违法的处罚内容

人们发生了道路交通违法行为，就应该受到公安交通管理机关的行政处罚。处罚行为大致有以下六种：

1．警告；
2．罚款或记分；
3．吊扣驾驶证；
4．吊销驾驶证；
5．拘留；
6．没收违法物资或扣留车辆。

四、常见的违法记分、处罚办法

（一）违法记分及处罚办法：

1．依据违法行为的严重程度，一次记分的分值为12分、6分、3分、2分、1分五种。

2．记分周期为12个月，满分为12分，从机动车驾驶员初次领证之日起计算；对机动车驾驶人的道路交通安全违法行为，处罚与记分同时执行；一次有两个以上违法行为记分的，应分别计算，累加分值。

3．对道路交通安全违法行为处罚不服，申请行政复议或者提起行政诉讼后，经依法裁决变更或者撤销原处罚决定的，相应记分分值予以变更或者撤销。

4．在一个记分周期内记分达到12分的，应当在十五日内到机动车驾驶证核发地或者违法行为地公安机关交通管理部门接受为期七日的交通安全法律、法规和相关知识的教育并接受考试。

5．在一个记分周期内记分2次以上达到12分的，除接受道路交通安全法律、法规和相关知识的教育并考试外，还应当接受驾驶技能考试。

6．超过机动车驾驶证有效期一年以上未换证的，车辆管理所应当注销其机动车驾驶证。未收回机动车驾驶证的，应当公告机动车驾驶证作废。

（二）营运中常见违法行为的记分（见表4-4-1）

表4-4-1

违法行为	记分值
饮酒后驾驶营运机动车的	12
造成交通事故后逃逸，尚不构成犯罪的	12
驾驶证被暂扣期间驾驶机动车的	6
机动车行驶超过规定时速50%以上的	6
违反道路交通信号灯通行的	3
不按规定超车、让行的	3
有拨打、接听手持电话、观看电视等妨碍安全驾驶行为的	2
行经人行横道，不按规定减速、停车、避让行人的	2
不按规定使用灯光、会车的	1
未随车携带驾驶证、行驶证的	1

五、道路交通事故具体划分标准

根据我国目前交通管理和交通事故处理工作状态,交通事故主要有以下两种分类方法。

(一)按事故后果分类

交通事故按人身伤亡或财产损失的程度和数额,可分为轻微事故、一般事故、重大事故和特大事故四类,具体划分标准如下:

1. 轻微事故

一次造成轻伤 1~2 人,或者财产损失机动车不足 1000 元,非机动车不足 200 元的事故。

2. 一般事故

一次造成重伤 1~2 人,或者轻伤 3 人以上,或者财产损失 1000 元以上、30000 元以下的事故。

3. 重大事故

一次造成死亡 1~2 人,或者重伤 3~10 人,或者财产损失在 30000 元以上、60000 元以下的事故。

4. 特大事故

一次造成死亡 3 人以上,或者重伤 11 人以上,或者死亡 1 人、同时重伤 8 人以上,或者死亡 2 人、同时重伤 5 人以上,或者财产损失在 60000 元以上的事故。

(二)按当事方分类

道路交通事故,按当事方一般分为机动车事故、非机动车事故、行人事故和其他事故等四类。

1. 机动车事故

指与机动车有关的交通事故。机动车事故有机动车本车事故、汽车与汽车、汽车与摩托等事故。在机动车与非机动车或行人发生的交通事故中,机动车负同等责任的也视为机动车事故。

2. 非机动车事故

指畜力车、二轮车、自行车等非机动车辆负主要责任的事故。在非机动车与行人发生的事故中,非机动车负同等责任的应视为非机动车事故，因为在道路上行驶，两者比较非机动车为强者。

3．行人事故

由于行人过失或违反交通法规而发生的交通事故。行人违反交通法规包括无视交通信号、不走人行道而在快车道或慢车道上行走、随意横穿马路、斜穿马路、儿童在街上玩耍、行人在路上打闹、行人在路上作业或走路时精神不集中等违章行为。

4．其他方事故

指其他在道路上进行与交通有关活动的人员负主要以上责任的事故。如因违章占用道路，未经交通管理部门批准随意挖掘道路而造成的交通事故等。

六、道路交通事故责任认定及驾驶员应负的法律责任

（一）交通事故责任的分类

交通事故按责任大小可分为全部责任、主要责任、同等责任和次要责任四类。

1．全部责任

指一方当事人的违法行为造成交通事故，有违法行为的一方应负全部责任，如当事人发生交通事故后逃逸，故意破坏、伪造现场，毁灭证据，使交通事故责任无法认定的应负全部责任。一方有条件报案而未报案或未及时报案，使交通事故责任无法认定的应负全部责任。

2．主要责任

指一方当事人的违法行为在交通事故中作用占大的部分，应负主要责任。

3．同等责任

指双方当事人的违法行为在交通事故中作用相当，双方各负同等责任。

4．次要责任

指一方当事人的违法行为在交通事故中作用占小的部分，应负次要责任。

在交通事故中，如当事人有三方及三方以上的，则可以根据各当事人的违法行为在交通事故中的作用大小划分责任。

（二）交通事故责任认定

交通事故责任认定是指公安机关按照事故现场的勘察和调查的事实，依据《中华人民共和国道路交通安全法》和其他道路交通管理法规、规章的规定，对交通事故当事人在这起事故中有无违法行为，以及对于违法行为与交通事故损害后果之间的因果关系，进行的一种定性、定量的认定。

（三）驾驶员应负的法律责任

对发生交通事故的机动车驾驶员，应根据事故的性质和责任的大小给予处分，以达到加强法制、教育本人、吸取教训、宣传群众的目的。机动车驾驶员违反《中华人民共和国道路交通安全法》或发生交通事故，主要承担以下三方面的责任。

1. 刑事的责任

《中华人民共和国刑法》第113条规定：从事交通运输的人员违反规章制度，因而发生重大事故，致人重伤、死亡或使公私财产遭受重大损失的，处三年以下有期徒刑或拘役；情节特别恶劣者，处三年以上、七年以下有期徒刑；因逃逸致人死亡，处七年以上有期徒刑。

2. 行政上的责任

主要处理方法有：警告、罚款、行政拘留、吊扣驾驶证或车辆和车辆牌证。

3. 民事上的责任

根据《中华人民共和国道路交通安全法》，对机动车驾驶员的违法行为，除按规定处理外，还要在驾驶员档案中作违法记录。

对机动车驾驶员违反《中华人民共和国道路交通安全法》或发生交通事故的人，要视其情节轻重，分别给予罚款、吊扣或吊销驾驶证，治安拘留处罚，直至依法追究刑事责任。属于单位的，予以罚款处罚或者追究领导人的行政责任或依法追究刑事责任。因交通事故造成人员伤亡或车辆财物损失的,由事故责任者,按其所负责任承担补偿经济损失。具体处罚办法参照《中华人民共和国道路交通安全法实施条例》的有关处罚规定。

机动车驾驶员的非责任事故,即无责任的,无论事故多大、损失多少,一律不予处罚。

七、道路交通事故、客伤事故发生后应采取的措施

(一)道路交通事故

车辆在行车中发生交通事故是一刹那的时间,在这过程中,肇事驾驶员应以人道主义的精神,努力做好减少财产损失、降低人员伤亡程度的工作。一般应做好以下三方面工作:

1. 抢救伤者,保护现场

车辆发生事故后,驾驶员应立即停车,将受伤人根据不同伤情及时送往就近医院或对口医院进行抢救,同时应保管好伤者的财产,避免造成不必要的损失。

事故发生地点的道路、车辆、人畜、遗留物、尸体、擦印、痕迹、房屋以及气候等都为事故的现场。现场情况的完整和真实程度,是处理事故的基础,是分析鉴定事故责任的主要依据。因此,当事故发生后,要尽最大努力保护现场,如因抢救伤员及物资而改变了原始现场时,必须在原位置做上标志,为勘察现场提供准确的资料。

2. 搜集旁证,及时报告

事故发生后,行车人员在现场应尽快找到事故的直接见证人(二人以上),问清姓名、工作单位、地址、联系电话号码等,为处理事故提供确切的资料。同时迅速将事故发生的时间、地点、伤亡情况报告当地公安机关或执勤交通警察,有条件的还应通知本企业有关安全部门。

3. 如实反映,听候处理

事故发生后,肇事驾驶员应向公安交通管理部门如实地陈述事故发生的详细经过,不得虚构、避重就轻、隐瞒事实,以便公交机

关解决，避免发生后遗症。

(二) 快速处置交通事故现场办法

为了最大限度减少交通事故对道路畅通的影响，上海市公安局于2002年12月20日发布了《上海市公安局关于快速处置道路交通事故现场的通告》，该通告决定自2003年1月1日起实施快速处置交通事故现场办法。

1. 通告主要内容

通告规定在本市外环线以内（含外环线）的道路，以及外环线以外的高架道路上发生车物损坏或车载人员轻微伤的机动车单车或者两车交通事故，车辆能够移动的，当事人必须按本通告规定快速驶离交通事故现场（人员伤亡重大以上事故仍应保护现场）。

发生单车交通事故，未损坏公共设施或他人财产的，当事人可自行驶离，并报告公安交通管理部门；损坏公共设施或他人财产以及需要民警到场的，应立即将车辆移至附近不影响交通的地点，报警等候处理。

发生两车交通事故，当事人应在共同标明车辆位置（有条件的可拍摄事故现场）后，将车辆移至附近不影响交通的地点。当事人可以自行协商解决民事赔偿问题，并报公安交通管理部门，也可以报警由公安交通管理部门依法处理。

车辆在事故现场的滞留时间，不得超过5分钟。

对按通告规定快速驶离事故现场的，公安交通管理部门将依法从轻、减轻处罚，一般不并处吊扣驾驶证，情节轻微的，不予处罚。对未按通告规定及时驶离事故现场的，依法从严处理，并处吊扣驾驶证。

2. 快速撤离交通事故现场"三步曲"

(1) 判断——车物损坏或车载人员轻微伤的机动车单车和双车交通事故，车能动，人能开的，必须自行撤离事故现场。

(2) 撤离——责任明确，无异议的，迅速将车辆移至附近不影响交通的地方；双方对责任有异议的，立即定位，即用粉笔、石笔或其他工具在车轮外侧划"T"形标线,标明车辆位置或拍摄现场照片后迅速撤离。

(3) 报告——能自行协商解决民事赔偿的,报属地事故处理部门备案。不能自行协商解决的,拨"110"报警等候处理。

附图:

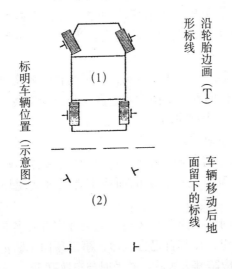

(三) 客伤事故

客伤事故一般指客车内乘客由于急刹车或行车人员开关门不当所造成的人员伤亡或财物损失事故。

1. 客伤事故的处理

(1) 抢救伤者

当客伤事故发生后,若伤者伤势较重,行车人员应立即将乘客及时送到附近对口医院救治,必要时通知伤者单位和家属,同时要注意保管好伤者的物品。

(2) 向乘客致歉,取得乘客谅解

当客伤事故发生后,若伤者伤势较轻,行车人员应及时向乘客表示歉意,从而取得乘客谅解,使大事化小、小事化无。

(3) 找好旁证，及时汇报

当客伤事故发生后，应找好有关证人，找证人要注意其所站、坐的位置角度，以证明其情况真实性，并请其留下姓名、单位、住址、联系电话号码，现场证人最好两人以上。当客伤事故现场善后初步处理后，应立即向车、场有关领导如实汇报。

(4) 当客伤事故发生后应冷静地、有条不紊地把上述工作做好，切忌私下了结，至于事故的责任当面不要争辨，汇报领导后再作定夺。

(5) 客伤事故的责任分有责、无责两种。客伤事故的责任论定一般由经营单位的专职部门论定，涉及到公安交通管理部门和司法部门的由公安、司法部门认定。

2．急刹车事故的处理

(1) 首先弄清急刹车的原因，及时向乘客作好解释。若是因路人或自行车乱穿马路引起的而肇事者又逃离现场，应及时找好旁证。

(2) 主动问清车内有否客伤，记录好伤者姓名和工作单位，轻伤者应加以抚慰，让其自己去就诊，事后须向车队汇报，以免节外生枝；重伤者应陪其去医院，并及时与车队联系。

(3) 乘客询问处理方面的有关问题时，不要信口开河，凭空许诺，只要说明这由车队负责解决即可。

八、道路交通事故以责论处范围及内容

为了贯彻落实"依法治国"、"依法治市"的方略，严肃交通法规，本市交通管理部门作出规定，对一方当事人由于下列严重威胁道路交通安全的违法行为而导致交通事故的，认定其负事故的全部责任：

1．行人在禁止行人通行的高速公路、外环线道路、内环线高架道路和车行立交桥等道路上行走，与机动车辆发生交通事故的；

2．行人在有交通信号灯控制的地方违反信号规定，与车辆发生交通事故的；

3. 行人在设有人行天桥、人行地道和漆划人行横道线处100m范围以内，不走人行天桥、人行地道和人行横道而与车辆发生交通事故的；

4. 行人不走人行道，在设有中心隔离设施和行人护栏的道路上钻越、跨越隔离设施或护栏，与车辆发生交通事故的；

5. 非机动车骑车人在禁止非机动车通行的人行道上与行人发生交通事故的，或者在禁止非机动车通行的机动车专用车道、单行道上与机动车辆发生交通事故的；

6. 非机动车骑车人在设有停车让行或减速让行交通标志的地方未按规定让行，与享有先行权的车辆发生交通事故的；

7. 非机动车骑车人在有交通信号灯控制的地方违反信号规定，与行人、其他车辆发生交通事故的；

8. 非机动车骑车人在划分机动车道与非机动车道的道路上，随意驶入机动车道与机动车发生交通事故的；

9. 非机动车骑车人逆向行驶，或者横穿四条以上机动车道，或者在车辆临近时突然转弯行驶，与行人和其他车辆发生交通事故的；

10. 机动车驾驶员饮酒后，其血液中的酒精含量大于酒后驾车标准时，驾驶机动车发生交通事故的；

11. 机动车驾驶员过度疲劳驾驶机动车，导致车辆失控发生交通事故的；

12. 机动车驾驶员驾驶机动车跨越中心线与对面行驶的车辆发生交通事故的；

13. 机动车驾驶员在设有停车让行或减速让行交通标志的地方未按规定让行，与享有先行权的车辆发生交通事故的；

14. 无机动车驾驶证驾驶机动车，或机动车驾驶员驾驶没有号牌、行驶证的机动车，与行人、其他车辆发生交通事故的；

15. 机动车驾驶员在有交通信号灯控制的地方违反信号规定，与行人、其他车辆发生交通事故的；

16. 机动车驾驶员驾驶机动车未与同车道行驶的前方机动车保持必要的安全距离，追尾前车的；

17. 机动车驾驶员驾驶机动车在变更车道时，未让在其本道内的车辆先行发生交通事故的；

18. 机动车驾驶员驾驶机动车逆向行驶或违法驶入禁行道路与行人、其他车辆发生交通事故的。

一方当事人有上述违法行为，其他当事人虽无上述违法行为但有其他交通违法行为的，由一方当事人负主要责任，其他当事人负次要责任。各方当事人均有上述违法行为的，应负事故的同等责任。

第五节　安全行车心理学常识

心理学就是研究人的心理现象规律的科学。包括感觉、记忆、思维、情感、意志、气质、性格、能力等。

人的心理与行为是密切联系的。例如：一名驾驶员正在驾驶一辆车辆，车由人驾驶，人受心理支配，而心理是有规律可循的。驾驶员通过学习心理学，掌握人的心理规律，有助于安全驾驶，减少行车事故，达到安全行车的目的。

一、驾驶员的个性心理特征

1. 气质与安全行车

气质是指个人行为全部动力特点的总和。包括心理过程的速度和稳定性，心理过程的强度，以及心理活动的指向性特点。

气质通常称为脾气或性情，是一个人比较稳定的心理特征，带有先天形成成分。如人的动作，反应快慢，接受能力快慢等。气质是在人的先天生理素质基础上通过实践受后天的影响而形成的，也受到主观世界和性格的控制，是可以制约的，可以改进和提高的。

气质是一个人比较固定的心理特征，但气质在长期的工作和生活环境中是可以改变的,作为一个驾驶员应熟知自己的气质心理特征,在生活和工作中发挥本身优点,逐步克服改变本身的弱点,培养在行车中的克制能力和应变能力,预防行车事故的发生,做好安全行车工作。

2. 性格与安全行车

性格是一个人对待事物的稳定的态度和相应的惯常的行为方式。性格是个性心理特征的一个主要方面,是人与人之间差异的主要标志。不同性格的人处理问题的方式和效果都不一样,以驾驶员对安全行车的态度来说,有的人抱着严肃认真的态度,驾驶车辆时的行为就小心谨慎;有的人却时常马马虎虎,什么都不在乎。如行车中遇到问题时,有的驾驶员处理得坚毅果断;有的就优柔寡断;有的细心周到,有的就粗枝大叶;有的处理效果好,有的常出差错。这是与驾驶员的不同性格特点和不同的行为习惯分不开的。所以驾驶员的性格对行车安全有很大影响。

二、驾驶心理活动规律

人的思维活动是一种特殊的、高级的心理活动和心理功能。分析驾驶员的心理活动状态,主要是分析驾驶员对外界输入信息的加工、推理、制作思想产品的心理过程,即思维过程。

驾驶员在驾驶车辆的全过程中,时时刻刻接受着各种信息,分分秒秒进行着心理活动。

(一) 信息与安全行车

驾驶员在行驶中,随时都在接受信息。道路上的人、车、物、天气、昼夜、声音、气味、路况和交通标志等都是信息。

驾驶信息大致可分为:早显信息、突显信息、微弱信息、先兆信息、潜伏信息五种类型。

1. 早显信息

驾驶员发现此信息具有一定的时间提前量,可以及早分析、处理。

2. 突显信息

信息在瞬间突然出现,信息量很大,驾驶员难以预料。

3. 微弱信息

信息对驾驶员刺激小，容易疏漏，产生错觉。

4. 先兆信息

信息有二次连接出现的特征。在第二次刺激信息来到前，有预兆性第一信息显示。

5. 潜伏信息

驾驶员的视线"死角"称"视盲区"。

"视盲区"内或不存在险情或潜伏着危险信息，只是驾驶员不能直接看到而已。驾驶员的"视盲区"是很多的，倒车、交会车、超车、弯路、路口、上桥、迷雾等等，因为"视盲区"的信息不易及时发现，所以"视盲区"发生事故的频率较高。驾驶员遇到"视盲区"地段一定要提前加强注意力，减慢车速，以防不测。

（二）注意与安全行车

1. 注意

注意是人们熟悉的一种心理现象，它在人们的心理活动中占有特殊的地位。注意就是人们心理活动时对一定事物对象的指向和集中。

驾驶员在驾驶车辆过程中的观察、记忆、思维等心理活动都离不开注意。被注意到的事物感知得比较清晰、完整、正确；未被注意到的事物感知模糊，甚至出现"视而不见"、"听而不闻"的现象。

2. 无意注意

是指没有自觉的目的，也不需要主观努力的注意，主要是由事物的外部特点所引起的。

驾驶员在行车中遇到路边吵架，无意地看了几眼，等回过神时突然一个小孩已跑到路中央，在那一刹间撞到了小孩。在行车途中，车外环境不断变化，具有各种刺激。如果不能控制自己而成了无意注意的奴隶，东张西望，听这看那是非常不安全的。在驾驶室贴上"勿与驾驶员谈话"其意就在此，为的是确保驾驶员的注意力。

3. 有意注意

是指有预定目的，必要时还要主观努力地注意。

在行车过程中，驾驶员必须注意交通信号和交通标志，注意车辆、行人的动态，注意道路交通状况的变化等，这些都是有目的的有意识的注意。引起有意注意的事物，并不一定强烈或新奇，它之所以引起驾驶员的有意注意，是因为它直接关系到行车安全。

4. 无意注意和有意注意的相互转化

在实际工作中，无意注意和有意注意可以相互转化。在行车中，驾驶员听到传动系统发出异响，一会儿又消除了，这就无意中引起了驾驶员有目的的、有意识地注意倾听异响发出的部位，寻找发出异响的原因，以便采取措施，避免机械事故的发生。有意注意也会转化为无意注意，仅靠有意注意驾驶容易疲倦，而且在驾驶过程中长时间保持有意注意也是困难的。有意注意与无意注意，不断交替转化，就可以使注意力长时间地保持在一种事物上，把注意力集中在安全行车上。

三、人体的生理节律与安全行车

人类生活的自然环境随着时间的变化而有规律地演替着，即是自然节奏。如昼夜的交替、季节的变换、潮汐的涨落等。人类作为生活在地球上的有生命的机体与自然环境相适应，其生理活动同样表现出有规律的变化。

（一）人体生理节律

生物学家称人体内存在的生理、生物循环为"生理节律"。对人类生理节律的研究表明，多数节律是以 24 小时为周期循环的，也有不到一天的周期节律。人体还表现出较大时间的节律，如周期的一个月的体力节律（23 天）、情绪节律（28 天）和智力节律（33 天）等。这三个节律一般称为生理节律。

人体生理节律一般有三个阶段，周而复始地进行。

高潮期→临界期→低潮期

1. 高潮期——体力旺盛、精力充沛、情绪高昂、智力开阔、思维敏捷，工作起来效率高，使人处在最佳状态。

2. 临界期——人体内发生复杂和急剧的生理变化，各器官功能协调性差,处于不稳定状态,容易受外界因素影响而出差错或酿成事故。

3. 低潮期——适应性差、体力衰弱、耐力下降、情绪低落、反应迟钝、智力抑制,工作效率低。

(二)生理节律与行车事故

根据人体生理节律理论三个阶段,有关专家分析了大量的交通事故,发现驾驶员处于生理节律高潮期时,驾驶操作反应最快,不易发生行车事故。而处于低潮期时,驾驶操作反应迟钝,耐力下降,较容易发生行车事故。当处于临界期时,驾驶操作协调差,精神极不稳定,容易反常,操作失控,特别容易发生行车事故。据国外大量研究统计表明,临界期发生事故比例占总事故 50% 左右。

人的体力、情绪和智力对于人的行为是相当重要的。以情绪来讲,心理学家认为,人的情绪是行动的指挥官。作为一个驾驶员,要在日常生活中观察掌握自身的生理节律周期,合理调节生活节奏,当处于临界期来临时,要合理调节自身情绪,克制烦燥情绪,给自己创造一些较轻松的环境,转移注意力,以达到安全行车的目的。当处于低潮期来临时,要合理增加刺激,增加活动时间,提高自身的反应能力,从而达到安全行车的目的。

四、驾驶员不良习惯与安全行车的关系

驾驶员从事的是一项职业道德性很强的工作,他们驾驶操作的技术直接关系到国家财产、乘客和行人的生命安全。所以驾驶员需要有健康的身体、健康的生活习惯和健康的心理,对安全行车相当重要。

1. 饮酒对安全行车的影响

任何一类酒中均含有酒精(乙醇),酒精是一种对中枢神经能起抑制作用的麻醉剂,驾驶员酒后开车已成一大忌,直接威胁到安全行车。严禁酒后驾车,已成为国家法律,驾驶员必须严格遵守。

2. 吸烟对安全行车的危害

众所周知,吸烟有害。烟草中主要有毒因素是尼古丁,它能使

血管收缩，可使人的神经系统兴奋，进而起到麻痹作用，降低人的心理机能。另外，烟雾中含有一氧化碳，吸烟后，会造成缺氧现象，使人体的感觉器官受到伤害。

由于很多人认为疲劳时吸烟可以提精神，使头脑清醒，因此在驾驶员中吸烟者也较多，其实这是错误的认识。同饮酒一样，在行驶中吸烟同样危及行车安全。因此，驾驶员在行车中严禁吸烟，也已成为国家法律，必须严格执行。

3．服药对行车安全的影响

驾驶员因疾病或其他原因，需要使用药品，但其中有些药品直接作用于中枢神经系统，会产生各种效应，能使服用者知觉迟钝，反应失常。服用这类药后，如果驾驶车辆会导致动作不协调，直接影响安全行车。如由于失眠，深夜服用了催化剂或麻醉剂的药品，使人感到兴奋异常，使驾驶员的注意力和判断力减退，影响驾驶操作，造成动作不协调和失误而危及行车安全。因此，驾驶员对有些药品的副作用应引起足够的重视。在因病需服用药物时，要了解药物的功效和副作用，如服用可能影响驾驶操作的药物，不能驾驶车辆。

4．疲劳对安全行车的影响

疲劳是由于长时间的体力和脑力劳动，使身体发生生理和心理机能异常的现象。人在连续学习和工作之后，会出现效率下降的一种状态，这便是疲劳的反映。驾驶员在连续操作中需付出相应的体力和脑力，长时间的驾驶操作所引起的驾驶机能的低落被称为驾驶疲劳，会危及行车安全。因此，为确保行车安全，有连续驾驶时间和一天中驾驶时间的限制规定，作为驾驶员要注意劳逸结合，做到不疲劳驾驶。

5．不吃早餐对安全行车的影响

正常人空腹时每百毫升血液中含血糖约为 80mg～120mg。而不吃早餐的人容易发生低血糖，当人体血液中的血糖低于 60mg 时，就会感到头晕、四肢无力、周身疲倦。再严重时就会心慌意乱，甚至虚脱。如果驾驶员不按时吃早饭，在驾驶车辆时发生低血糖，就容易发生车祸。据有关部门针对一些不吃早餐的驾驶员进行调查，结果发现其中约有30%的驾驶员由于低血糖而发生过交通事故。因此驾驶员每天要及时用早餐，避免低血糖的发生，确保安全行车。

第六节 其他有关业务专业知识

一、票务管理

票务管理是公交企业经营管理的重要组成部分。票务制度是公交企业针对票务工作制定的规章制度。公交企业在客运经营中使用的各种票证、票据是企业核算客运收入的主要依据，也是乘客乘车的付资凭证，属于有价证券。票务管理工作涉及面较广，有服务效益、经济效益及经营管理等方面的内容。

无人售票公交车的驾驶员除了驾驶公交车辆外，当车辆在站点停靠时还要承担原乘务员的票务工作，必须了解票务管理的有关规定：

1. 每位乘客可免费带领一名身高1.3m以下儿童乘客，超过一名的按超过人数购票。无成年人带领的学龄前儿童不得单独乘车。

2. 革命伤残军人凭本人《革命伤残军人证》，伤残警察凭本人《中华人民共和国伤残人民警察证》，离休干部凭本人《中华人民共和国老干部离休荣誉证》或《中国人民解放军离休干部荣誉证》，盲人凭本人《免费乘车船证》，革命烈士家属凭本人《上海市革命烈士家属优待证》可免费乘车（旅游线路和机场线路除外）。

3. 本市70周岁以上老人除工作日高峰时段外（高峰时段为7：00至9：00，17：00至19：00）持本人敬老服务卡可免费乘车（旅游线路和机场线路除外）。

4. 行李物品总重量超过15kg或体积超过$0.1m^3$的，应当购买行李票。行李票按所购车票值计算。车厢拥挤时，乘客不得携带体积超过$0.1m^3$的行李物品上车。

驾驶员不能私自开启无人售票车的投币箱。对遗失或故意损坏POS机的，车辆发生故障而值勤人员擅自离开车辆，致使投币箱营业款被盗的，将会受到行政或经济处罚，具体的处罚标准由各企业的内部管理制度予以规定。

二、调度管理

公共汽车和电车营运线路是采取连续、有序地为乘客服务的作业方法，故而必须编制严格的行车作业计划，确保企业的服务效益和经济效益，驾驶员也必须严肃地执行行车作业计划。

（一）行车作业计划的重要性

1. 行车作业计划是公共汽车和电车企业计划管理的重要环节。行车作业计划是公共汽车和电车企业短期计划的主要组成部分，通过编制行车计划，可以形成完善的运行计划体系，促进公共汽车和电车企业计划管理工作，还可以及时发现新问题、新矛盾，组织新的平衡，从而保证公共汽车和电车线路运行计划及整个企业经营计划管理。

2. 行车作业计划是调动行车人员积极性的重要手段

行车作业计划不仅明确规定了各线路的服务，而且明确规定了每个行车人员的工作任务，使每个行车人员有了工作目标，加上行车计划下达时一般与考核奖惩制度相结合，有利于激发广大行车人员的生产积极性，使其为完成运行任务而奋斗。

3. 编制行车作业计划是建立正常运行秩序的重要途径

编制行车作业计划，可以使行车人员在运行前明确任务，可以使管理人员日常管理有依据，事先检查和布置运行准备工作，保证各部门、各环节工作衔接配套，有利于建立良好的城市公交运行秩序和管理秩序。

（二）行车作业计划内容

行车作业计划包括行车时刻表，接、落班时刻表和行车路单，人员配备表。

行车作业计划的调换：一般逢夏令、冬令前夕或特殊需要时调换。

行车作业计划的调换和执行,由上级专业部门制定、审核和监督。

1. 行车时刻表

行车时刻表是现场调度车辆的依据,也是行车人员值勤的具体计划。该表具体标出每一辆车的始终班次及各计划班次的发车时刻、吃饭时刻、中途接落班时刻和进场时刻。该表在制定及执行过程中有几点必须加以说明:

(1) 由于市区道路阻塞的客观原因,具体发车时刻无法保证,但始发班次必须准点发出。允许调度员按客流的实际需要,决定其他班次的发车时刻和进场时刻,以降低成本、提高效益。

(2) 为保证乘客客源的稳定及最大限度地售清客票,行车时刻表的编制,必须达到在实际营运中高峰时高单向、高断面平均车厢满载程度维持在八成左右,低谷时在六成五左右。

(3) 该表的编制按计划确定的单程实驶时间(分)为依据,由于路面情况复杂多变,往往造成车辆实际行驶超过计划实驶时间,形成慢误点时间(分),这时可实施临时应变调度措施。

(4) 根据计划单程实行分段计划实施时间(分),以均衡中途车距,并且有利于行车安全和售清客票。

2. 接、落班时刻表

接、落班时刻是行车人员值勤时间的依据。该表主要内容:报到、出场(含出场方向)的时刻、吃饭时间、到场和离场的时刻以及当班的工作时间。

(1) 行车人员必须严格按报到时刻提早报到,做好例保和清洁工作,出场不要出错方向。具体吃饭时间由调度员根据实际情况掌握。

(2) 由于公交行业的特殊性,各班头的当班工时有多有少,所以计划工时是按某一种班头形成的平均工时结算的。

3. 行车路单

行车路单是反映某一辆车从出场到进场的营运过程的具体依据,也是管理部门结算行车人员当日工作实绩的主要凭据。

行车路单应由驾驶员在报到时领取,乘务员不得代领。

行车路单由现场调度员签注,行车人员严禁私自涂改路单,该路单必须随车运营,进场交调度室集中,不得忘交或遗失。

行车路单的主要内容:

(1) 日期、路别、路牌;

(2) 报到、出场时刻及方向;

(3) 出场存油、当日加油、进场存油及各班头落班存油;

(4) 值勤者工号、实际到发时刻、计划到发时刻、双向站名、快慢误点(分)及故障情况;

(5) 专业部门电话;

(6) 人员配备表。

(三) 公共汽车和电车常用调度方法

公共汽车和电车线路现场调度管理就是在客运现场根据原有的客运调度方案要求,结合现场具体情况,直接对车辆和行车人员下达调度指令,指挥营运的管理工作。现场调度管理是否有效,不仅关系到车辆运营的正常,而且直接关系到企业的经济效益和社会效益。要取得有效的现场调度效果必须熟悉地掌握常规的调度方法和异常调度的处理能力,针对现场各种实际情况,统筹考虑调度措施、对应决策,方能行之有效。

线路现场调度由线路调度员负责执行,线路调度员是企业和车队在营运一线的指挥者,现场调度员有权依照客流和车辆、道路的具体情况确定和实施正常调度形式或应变调度措施,行车人员必须严格听从现场调度的现场指挥。

常用的调度方法有正常情况下的调度方法和特殊情况下的调度方法。

(四) 城市公交调度强化原则

为保证现场营运秩序的正常,公共汽车和电车企业实行强化调度原则,强化调度原则包括下列要素:

1. 行车人员必须提前报到,做好出车准备;

2．行车人员必须确保线路始发站头、末班车准点；
3．接班人员未到不得擅离岗位，应继续运行到终点站；
4．运营过程中必须绝对服从现场调度员的指令；
5．前车抛锚，后车必须带客；
6．行车人员不得私自改道，拉客或掉头；
7．遇特殊情况，上级指令支援他线时应绝对服从命令；
8．如遇突发事件或大客流时应服从调度，适当延长营运工时。

三、车厢内的治安与防范

车厢是社会的一个缩影，难免存在一些违法现象。违法现象的存在不仅侵害了广大乘客的人身财产安全，而且严重影响了正常的营运秩序。维护良好的公交客运秩序，既是每个行车人员也是每个乘客的应尽职责。为预防和减少公交客运车辆上各类违法现象，最大限度地维护乘客的合法权益，行车人员应当了解公交客运治安防范知识及其相应的处置方法。

（一）扒窃现象及防范措施

1．识别

俗话说，做贼心虚，从眼神上看，扒手的眼神同常人有明显的区别。无论在车站上还是在车厢内，他们的眼睛总是盯着乘客的口袋、背包等物品；从衣着上看，扒手在外表上与常人无异，有时穿着也比较讲究，个别的还穿着名牌服装，以掩饰自己；从举动上看，扒手上车时或上车后一般不拉扶手，往往喜欢朝人拥挤的地方挤，并用手贴靠乘客的口袋、背包等物品，以判断有无钱物。同时，扒手往往用手臂、拎包、马夹袋、报纸和衣服等作为掩饰物挡住乘客的视线，伺机作案。另外，扒手乘拥挤的车辆伺机作案见多，而见车辆比较空时，却又不上车；有的扒手在站台上拥挤在车门口，趁乘客上车时作案，得手后迅速退出。目前女性扒手的比例也不少，她们往往以怀孕或身边带着小孩作掩护进行作案。

2．防范

行车人员发现车厢内或乘客下车时有扒手，可用电子报站器向乘客发出提示信息或用巧妙语言进行口头提醒。若发现扒手正在实施扒窃活动，应当采取适当办法提醒乘客。若当时情况不允许立即采取行动，则可相机行事，同时记清扒手体貌特征、穿着打扮，向公安职能部门提供信息。乘务员要发扬见义勇为精神，做好安全防范工作。

乘客一旦发觉财物被窃并扭获扒手时，行车人员应及时关闭车门，不使扒手乘隙溜走，并想办法立即向附近交巡警或公安机关报警。运营时发现乘客与违法犯罪分子进行斗争而且双方势均力敌的情况下，应对乘客予以必要的支持和援助；在不利于被窃乘客的情况下，行车人员应当见机行事，迅速报警，同时动员其他乘客协助控制违法犯罪分子。

（二）其他违法现象及防范措施

1. 在车厢内，有时会发生女性被歹徒侮辱的现象。基于种种原因，被害女性发现歹徒对其进行侮辱时往往忍气吞声，不敢公开指责对方。行车人员应当主动关心被害妇女并问明情况，若发现情况严重，可向公安机关报告。

若被害妇女与歹徒发生争吵，应向被害人和周围乘客了解情况，视事态程度对肇事者进行批评教育或向公安机关报告。

2. 发现有人在营运的公交车上进行反动宣传时，应当予以制止，收缴宣传品并报警或动员乘客将进行反动宣传的有关人员扭送公安机关。

在公交车厢内发现反动宣传品，应当妥善保存，保护现场并报告有关部门。

3. 车厢内若发生斗殴，应当在事态恶化之前，尽力进行劝阻和安抚，避免事态进一步发展。发现事态恶化、冲突升级时，应迅速报警，必要时可驶往就近的公安机关处理。若伤者有生命危险，还应求助120急救中心。

第三章 公共汽车和电车乘务员工作规范

第一节 乘务员应具备的基本技能

乘务员的基本技能是指乘务员在上路线跟班实习之前经过培训、考核应达到的最基本的工作要求。乘务员要搞好服务工作，仅具有为乘客服务的良好愿望是远远不够的，还必须掌握基本的服务技能，只有这样，良好的愿望才能在工作实践中得到实现。

乘务员的基本技能包括以下六个方面的内容：工作用语、售、验客票，报站名，车门开关，信号使用，司乘配合及电车乘务员应掌握的基本技能等。

一、工作用语的内容及要求

（一）服务用语

服务用语是乘务员在工作中为乘客提供服务时所使用的语言，包括介绍本线路车的基本情况，是哪路车，开往哪儿，提醒乘客下一站是什么站，可换乘哪条线路等。上海是国际性大都市，乘客来自四面八方，部分乘客不熟悉我们这座城市的地理环境，容易乘错车或乘错方向，所以必须努力使用好服务用语，才能为乘客的出行提供方便。

1．服务用语的基本内容

服务用语包括报站用语、安全用语、疏导用语、售票用语等，下面重点介绍最基本的规范用语。

（1）路别方向："× 路车，方向 × 处"；

（2）售票用语："上车请买票"、"使用 IC 卡的乘客请刷卡"；

（3）预报站名："下一站 × 站，下车请准备"；

（4）报到达站名："× 站到了，请下车"；

(5) 配合安全："车辆进站了，里档自行车请慢行"；"车辆上下桥（转弯）请拉好扶手"；

上述服务用语要求吐字清晰，语速适当，声音洪亮，面向乘客及站点候车人，自然大方。

2．为什么要用好服务用语

(1) 坚持规范的服务用语是非常重要的，它可以避免乘客上错车，坐过站，不使乘客走冤枉路；尤其是对不熟悉本路线的乘客及外地乘客至关重要。

(2) 报清"路别方向"既是提醒候车乘客不要乘错车，也是乘务员向候车乘客说的第一句话，它直接反映一名乘务员的精神面貌，是乘客对乘务员的第一印象。

（二）礼貌用语

我国素有"礼仪之邦"之称，注重文明礼貌是中华民族的优良传统。乘务员的礼貌用语运用得如何，对外宾来讲关系到国家的形象，对内宾来讲直接反映着一个城市或地区的精神文明建设的程度。公交要成为流动的文明窗口，乘务员的礼貌用语影响是很大的。

1．礼貌用语基本要求

(1) 称呼规范

①对待老人要称呼"老同志"、"老先生"等。

②对待中青年人要称呼"同志"、"师傅"、"先生"等。

③对待军人要称呼"解放军同志"。

④对待孕妇要称呼"这位女同志"或"女士"等。

⑤对待残疾人要称呼"这位同志"或"先生"。

⑥对待中小学生要称呼"同学"。

⑦对待学龄儿童要称呼"小朋友"。

⑧对待国际友人要称呼"先生"、"女士"、"小姐"。

(2) 用语规范

①首站发车前，乘务员应主动向乘客表示"乘客同志们，您们好！"，"欢迎乘坐×路车"。

②当乘务员与乘客讲话时,要说:"请"、"您"二字。

③当乘务员需要乘客协助工作时,要说:"谢谢"、"请帮助"等。

④当乘务员得到乘客配合和支持时,要说:"谢谢"。

⑤当乘务员得到乘客表扬时,要说:"谢谢"、"感谢您的鼓励"、"这是我们应该做的"。

⑥当乘务员在工作中失误时,要主动向乘客表示:"对不起"、"请原谅"。

⑦当乘务员遇到失礼的乘客表示歉意时,要说:"没关系"。

⑧车辆行驶到终点站时,乘务员应向乘客表示"终点站到了,感谢您一路对我们工作的支持,欢迎您有机会再乘 × 路车,再见"。

2. 特殊情况下的礼貌用语要求

①当车辆进站,候车乘客人数较多,而车厢内尚能容纳时,应当说:"乘客们,请依次上车,不要拥挤,全都能上"。

②当老、幼、病、残、孕及怀抱婴儿等乘客上车时,因车内人多无法搀扶时,应马上说:"××,您慢点儿上,别着急!"

③当看到乘客追车,应当说:"您慢跑,车等着您呢。"

④当车厢乘客出现拥挤,劝乘客等下辆车时,应当说:"对不起,请您协助,再等下辆车,谢谢您的配合。"

⑤当请乘客协助我们传递钱、票时,应当说:"这位同志,请您帮助给传一下,谢谢!"

⑥当我们穿过人群到车厢中间售票时,应当说:"对不起,请让一让,谢谢!"

⑦当乘客的询问无法回答时,应当说:"对不起,您先等一等,我帮您问一下。"

⑧当雨天乘客上车未脱雨衣时,应当说:"同志,您可以把雨衣脱下来吗?免得碰湿了别人。"

⑨当乘客发现自己乘过站时,应当说:"对不起,我报站您可

能没有听见,让您多走路了。"

⑩当乘客上车购票时,应当说:"请保存到下车,以免中途查票。"

二、报站名的要求

公共汽车和电车的站点设置主要是根据该线路客流规律,为多数乘客上下车方便(当然设站还要经交通管理部门同意)而设立的,站名一般是按地区、游览区、街道等知名度较高的众所周知的名称来命名的。一般情况下,乘客乘车要去什么地方,都是以站名为准。因此,乘务员熟悉站名应如同餐厅服务员熟悉菜名一样,不熟悉本路线站名是无法为乘客提供满意服务的。

报站名要求是:

1. 起点站

乘务员应看清发车时间,提前上车。上车后先向车内乘客报清路别方向,若是放站车、区间车,还要报清放站情况及掉头区段,以方便乘客乘行。服务时乘务员要面对乘客,声音响亮,语言规范,讲普通话。

2. 行驶中

车辆行驶在两站之间时,乘务员必须提前预报下一站的站名,提醒乘客及时做好下车准备。"下一站 × 站,下车的乘客请做好准备。"如下一站是并线站,到站时乘务员还应向候车乘客报清该车辆的路别,以免乘客乘错车。

3. 终点站

车到终点站前,乘务员应提前提醒乘客"下一站是本班车的终点站,请大家不要遗忘随身携带的物品。"车到终点站后,乘务员不仅要招呼乘客全部下车,而且要关心有困难的乘客,并给予适当照顾。

三、车门开关、信号设施的正确使用

乘务员在车门开关工作中应严格执行停稳开门、看好关门的两项具体规定。信号设施是乘务员与驾驶员之间在关门、起动、紧急停车时起联系作用的工具。乘务员如果不了解车门开关、信号设施的正确使用是绝对不能上岗服务的。

(一) 掌握车门开关、信号设施正确使用的重要性

1. 事关乘客乘车的人身安全

保证乘客乘车安全是公交行业职业道德的重要内容之一。公交企业均制定了严格的开关门制度、信号设施使用的规定。个别乘务员虽然知道这些规定，但重视程度不够，思想麻痹，在执行上不认真，故常常发生门客伤事故，给一些乘客带来肉体和精神上的痛苦，甚至会发生死亡事故。

2. 事关公交企业的声誉和经济效益

发生门客伤事故，是由于乘务员未严格执行开关门制度。这不仅造成不良社会影响而且给企业带来一定的经济损失。据一个公司统计，一年中发生较严重的门客伤事故而引起的赔偿费近十万。

3. 事关乘务员的全年考核成绩

由于工作疏忽造成不良后果，势必影响到乘务员个人的成绩考核，并最终影响到个人的经济收入。

(二) 车门开关、信号使用的基本要求

乘务员在车辆行驶过程中，必须严格执行"停稳开门，看好关门，关好车门再给信号"的操作方法。这是总的原则，具体要求是：

1. 车门开关规定

(1) 停稳开门。无论驾驶员是否有总开关，乘务员都必须严格执行"车停稳再开门"规定，严禁提前打开车门或请驾驶员代劳。

(2) 看好关门。乘务员必须看清最后一名乘客已经登车，才能关门，如果最后一名是老年人、抱孩子的或行李较多的乘客，关门时必须提醒其注意安全，以防发生意外。

(3) 关好车门再给信号。乘务员必须确定车门已经关好，才能发信号通知驾驶员。车已起动，又有乘客突然想下车或有人吊车，此时严禁私开车门，应紧急按铃通知驾驶员，在驾驶员将车停妥后方可打开车门。

2. 信号铃使用规定

(1) 关门：一长声。按铃时间一般为三秒钟。

(2) 紧急停车：连续短声，直至停车。

乘务员应将车门视作公交企业的"信誉门"，乘客的"生命门"，为此必须与驾驶员紧密协作，严格做到"车未停妥不开门，门未合拢不打铃"的安全操作规程，万万不可疏忽大意，视乘客安全为儿戏。

四、售、验客票工作

目前上海公共汽车和电车计价方式主要有两种：多级制票价（按所乘里程计价）和单一票价。

票款收入是公交企业赖以生存的主要途径，因此，每位乘务员都必须清醒地认识到：售、验票工作是一项即平凡又重要，即琐碎又精细的工作，来不得半点马虎。售票工作是指乘务员收取乘客应付的车资并给予相应乘车凭证的过程。一般地说有以下几个步骤：解答问询，收取钱款，出票，打站级或日期，给票找零。乘务员在收取钱款后要做到当面点清，对于大票面一定要唱收款数，以避免产生误会。

售票工作的基本要求是一快二准。快，即出票、给票、找零速度快；准，即准确地将站级、日期打在车票相应号码的中间位置上。

验票工作是指必要时乘务员对乘客所持乘车凭证进行检查。由于某种原因，车内可能存在逃、漏票等违反乘车规定的情况，因此，通过验票可部分保证售清车票这一工作的完成。车内验票一般可采用平行推移法，也可有的放矢重点查验。查验时应注意以不影响正常的服务为前提。查验时还应注意态度，最大限度取得乘客的谅解和支持。

五、乘务员与驾驶员的配合

要保证公交营运的顺利进行，为乘客提供安全、迅速、方便、准点、舒适的服务，乘务员和驾驶员就必须相互团结、相互配合、相互督促。驾驶员的主要任务是确保行车安全，正点运行，保持行车平稳。乘务员的主要任务是热情周到地为乘客服务，主动售清客票,努力减少逃漏票。双方之间配合默契才能完成公交基本任务。

(一)配合的意义

1. 确保乘客安全

高峰时间上下车比较拥挤,此时,保证车门的安全就显得尤为重要。特别是要掌握在什么情况下允许提前开门下车,,在什么情况下要求驾驶员紧急停车等,只有准确掌握上述情况,乘务员和驾驶员的密切配合,才能确保安全,避免事故发生。

2. 确保行车正点

客流变化是影响车辆正点运行的主要因素之一。怎样保证正点运行,司乘配合是非常重要的。走好正点不仅决定于车辆的行驶速度,关键还在于中途停站时间的长短,而停站时间的长短又取决于两个因素:

(1)乘务员要有快速的售票技能,及时售清客票,才能保证到站及时开门、关门。

(2)乘务员在售清客票的同时,应根据沿途客流量的变化规律积极做好疏导,使乘客下得快,上得快。

3. 确保行车安全

乘务员是驾驶员安全行车的有力助手。当车辆出入站,行驶在复杂路段特别是拐弯时,驾驶员都需要乘务员的积极配合,提醒慢行,注意安全。据调查,车辆一个班次一天拐弯、进出站近200次,一年将达5万次之多,稍有疏忽,后果不堪设想。可见,乘务员配合驾驶员安全行车的工作有多重要。

4. 提高服务质量

车厢是一个整体,驾驶员的安全行车,正点运行需要乘务员的协助配合。乘务员要搞好车厢内服务也必须得到驾驶员的协助配合,两者之间只有相互协作,相互配合,才能最终做好优质服务工作。

(二)配合的方法

1. 当车辆出入站、行驶在复杂路段和拐弯时,要协助驾驶员使用报话器提醒车外行人和自行车注意安全。

2. 早晚高峰时间要提醒乘客提前做好下车准备,到站后要积极疏导乘客先下后上,车厢乘客出现拥挤时应耐心劝导乘客等候下辆车,努力减少停站时间。

此外,在营运中遇到特殊情况时,也需要乘务员和驾驶员的密切配合。如中途抛锚、中途遇到障碍需要绕道行驶、车厢内发生了特殊情况需要直接开往医院或公安部门时都需要密切配合,以取得乘客的支持和理解,否则会遇到不必要的麻烦甚至会发生服务纠纷。乘务员和驾驶员的团结互助、协同配合,是保证行车服务质量、提高营运服务效益的关键。

六、电车乘务员应具备的专业技能

电车乘务员除了必须具备前述五项基本技能要求以外,还应掌握有别于汽车的一些专用技能。

(一)跳线

跳线也是电车乘务员的基本功之一,分为跳直线和跳弯线两种。一般情况下,其基本操作要求:

1. 跳直线。车速起来后,慢跑紧跟,至架空故障前,快速将集电杆拉下,车辆越过故障段,停稳后再搭线。

2. 跳弯线。要求驾、乘配合,掌握好车速及拉下集电杆的时机,跳线方法是车走弓背人跑弓弦,这样才能降低人随车跑的速度。

(二)搭线

跳线、搭线都需要乘务员配合驾驶员将集电杆搭好在大线上。

(三)注意事项

1. 跳线时,人勿距车尾过近,以防前方有情况,车辆突然刹车,造成人与车相撞的事故。

2. 女乘务员禁穿高跟鞋作业,因跑动时易摔倒,一旦人摔倒,绳子滑脱,而车辆继续行驶容易发生更大架空事故。

3. 当跳线操作拉下集电杆时,要紧握绳子,瘦小力单者,应尽量身体重量下垂,因集电杆本身具有一定的重量,再加上车在行驶,人在跑动,稍有疏忽,极易发生危险。

4.跳线时,当乘务员拉下集电杆后,要大声提醒周围步行者及骑车者注意安全,防止行人或骑车者被拖行的绳子钩住而发生事故。

5.禁止用水冲洗电车驾驶室和地板,以防浸湿电气设备和高压电路,造成绝缘损害,漏电伤人。

6.电车出场前,乘务员还应协助驾驶员检查车门地线链是否完好。

第二节 乘务员服务工作规程

规程是对某种政策、制度等所做的具体规定。乘务员的工作规程是指行业对乘务员一天工作的三大主要环节所做的具体要求。三大环节简而言之为进出场、交接班、行驶途中。

作为一名乘务员必须熟悉掌握工作规程的全面要求,才能搞好服务,满足乘客乘车需求。

一、进、出场

公交企业与其他生产企业有着明显的不同,其主要特点是:点多面广,流动分散,单车作业,时间性与工作节拍相当强,工作顺序环环相扣,其中任何一环出现问题,将影响整个工作程序,造成难以估量的不良影响。

(一)出场

出场前,需要严格执行营运车辆出场的有关规定。车辆出场,表示该车将投入营运生产,是第一环节,也是保证全日工作规程落实的基础。

出场的工作规程主要有:

1.按规定时间提前向调度(室)报到。

报到时须讲明路别、车号、工号，严格执行报到制度是对乘务员的出勤考核，也是便于调度员掌握出勤情况及时调配人力，保障车辆准时出场的一项有效措施。

2. 看清值勤车号，出车时间以及车辆停放区域。

3. 领取必须的服务工具。

4. 做好例行保养。

例行保养的重点项目和要求：

（1）车门：检查车门开关性能是否良好。

（2）厢灯：检查工作灯、顶灯等是否完好。

（3）信号铃：检查铃声是否正常。

5. 搞好车辆清洁卫生工作。

6. 协助驾驶员做好车辆起动、倒车的安全工作。

7. 按规定路线、方向准时出场。

（二）进场

进场是公交车辆进行一天的营运后所执行的最后一个环节，进场后按其规程做好所有的工作，才算真正完成了一天的任务。如果进场工作没有做好，就会影响第二天的出场。

进场的工作规程主要有：

1. 进场车必须按规定路线、方向行驶，乘务员跟车进场，不得早退。

2. 认真查看车厢内有无异状或乘客遗失物品。

3. 做好车厢清洁卫生工作。

4. 车辆进入停放场地后，乘务员必须下车站在车后两侧，配合驾驶员将车安全地停放在停车位上，协助驾驶员检查车后各种指示灯光。车辆停放妥当后，必须关好天窗、车窗、车灯、门泵、车门，电车放妥集电杆。

5. 冬季进场提醒并协助驾驶员放掉水箱和发动机的冷却水，以防冻坏水箱和缸体。

6. 如果车辆设备有缺损或故障，必须及时报修。

7. 认真结帐，核对领取车票（视各企业具体要求而定）。

8. 归还服务工具，上交行车路单。

二、交、接班

公交企业为了提高车辆的利用率，一般每辆营运车需要配备二、三档劳动力，尽可能保证车辆发挥最大运能。所谓"交、接班"就是指当前一班乘务员工作完毕，下一班代之继续工作的一种交接手续。公交企业的交接班不同于商店、医院等，它是一种时间性、连续性很强的工作，不允许有一分钟的迟缓耽搁，否则，就会直接影响整条线路的营运秩序，败坏行业声誉。交接班工作的具体要求为：

（一）交班者

1. 交班者注意同乘客之间了结票务上的关系，有欠找钱币的，抓紧找给乘客。有需要提醒乘客哪站下车的，应向其说明或委托接班乘务员及时提醒。

2. 主动移交行车路单，简要介绍车厢服务设施和值勤情况，使接班者心中有数。

3. 若接班者未到，按公交行业规定要继续行驶至终点站，然后由调度员安排，千万不能一走了之，致使整车乘客停留在站点。

（二）接班者

1. 按规定时间、站点提前报到候车。

2. 不能贪图方便，擅自选择站点接班。

3. 在上车前要做好售票准备工作，如票袋、车票和零找。

4. 认真记录并完成交班者委托的工作事项。

5. 上岗后，按规定放置服务监督卡，然后按正常工作顺序开始工作。

三、行驶途中

车辆行驶途中的工作规程是指乘务员首站发车至末站终点一次单程的服务规范要求，这是乘务员一天工作的重要内容，乘务员工作大部分时间是在这一过程中，其社会效益和经营效益也主要从这方面来体现。

(一)首站发车前

1. 上车前由调度员签注发车时间,并按规定时间做好发车准备。

2. 乘务员提早上车,准确显示路牌,打开车门,做到车候乘客。

3. 发车前,乘务员首先报清路别、方向,然后出售车票。发车铃响后关门,按铃通知驾驶员发车。夜间行驶应开启厢灯及路牌照明装置。

(二)行车途中

1. 规范服务

使用普通话,沿途报清站名,若遇并线站应报清路别、方向(车内有报站设备的应正确使用)。确保乘客均匀、有序上车,照顾赶到乘客。

2. 主动售票

乘客不买票,就会导致漏票,致使企业受损,要使每个乘客都能买到票,应做到主动售票。基本要求为:

(1) 首站售清车票;

(2) 主动问票;

(3) 中途积极宣传;

(4) 起立售票;

(5) 流动售票。

3. 热情耐心,解答乘客问询

乘务员必须熟悉沿线主要站名、单位、转车路别和本线路的首、末班车的发车时间等业务知识,平时要多做有心人,注意由于城市建设所带来的线路变化,尽可能地满足乘客的出行需要,使公交的社会效益在车厢中得到体现。具体要求做到以下两点:

(1) 有问必答

对待乘客的询问,无论能否解答都要有所表示,不准置之不理。如有不知道的,可向周围乘客请教,如其他乘客也不知道,应向该乘客表示歉意,以体现乘务员的文明风范。

(2) 百问不厌

乘务员在解答乘客的询问时,一定要做到耐心解答,不管乘客问询几次不能有厌烦情绪,使不熟悉本线路地理环境的乘客有一种信任感。

4. 重点照顾

(1) 在广大乘客中,老、弱、病、残、孕及怀抱婴儿或其他有特殊困难的乘客都是乘务员重点照顾的对象,要做到主动照顾,动员让座,有条件的应搀扶上车,以保证他们的乘车安全。

(2) 对外埠乘客服务要热情、主动、周到,报清站名,解答耐心,及时提醒下车,防止乘过站。

(3) 对外籍友人要礼貌服务、不卑不亢,虽然语言不通但要细心观察,到站招呼下车。

5. 做好疏导工作

做好疏导工作,尽量满足乘客的乘行需要,做到车辆到站后,乘客下得快,上得快,保证行车准时。疏导乘客的主要方法有:

(1) 边上车、边疏导,尽可能使乘客上车后往里走,不影响后面乘客上车。努力使车厢保持里紧、中松、门空的状态。

(2) 有条件时,乘务员可到车厢内的堵塞处进行重点疏导,使乘行距离较远的乘客尽量朝里走。

(3) 对行李较多的乘客进行重点疏导,保持通道畅通,不能因行李堵住车门、车厢过道而影响其他乘客的上、下车。

(三) 车到终点站

1. 车到终点站,应提醒乘客不要遗忘所带物品,待乘客全部下车后,乘务员方能离开。

2. 去调度员处签注车票售止号。

3. 认真整理票袋中的现金,做到整钱、零钱分开,为下次出车做好准备。

4. 利用短暂的停车时间搞好车辆清洁工作。

以上是乘务员一日工作规程的主要内容,只有认真学习努力实践,才能保证服务工作圆满完成。

第三节 乘务员基本业务知识

一个企业乃至一个企业集团的形象,往往是通过许多个体来体现的,城市公交行业尤其如此。一个驾驶员或乘务员工作的好坏,往往会影响到一条线路、一个车队甚至一家公司形象的好坏。所以,每个乘务员都必须以职业道德为准则,认真学习,掌握好基本业务知识,提高服务技能,树立良好的职业形象。

乘务员的基本业务知识大致有如下几个方面:违章乘车的识别与处理,正确处理乘务矛盾,熟悉沿线地理环境,特殊情况处理。

一、违章乘车的识别与处理

作为公交行业的一线人员,乘务员肩负着很重的责任,企业的社会服务效益和经济效益都要靠他们去实施,去完成。这就要求乘务员在工作中不仅要兢兢业业地为乘客服务,还要认真售清客票,杜绝逃、漏票现象,为企业创造良好的经济效益作贡献。

(一)违章乘车的种类

1. 乘车不买票;
2. 越站乘车(即"少买多乘");
3. 使用废旧车票;
4. 冒用"离休干部"等证免费乘车。

(二)违章乘车的识别

行车过程中,大多数乘客都能配合乘务员主动购买车票。可也有少数乘客出于私心,只想乘车,不想买票,占国家便宜。但这种人毕竟是做了亏心事,他们的神态和行动往往有别于一般乘客,只要我们乘务员注意观察,就不难发现他们。

下面简单介绍几种逃、漏票乘客的反常动态:

1. 探察：有一种乘客，上了车慢条斯理，边看边听，意在观察乘务员。若乘务员工作懈怠，客观上就为其违章乘车创造了条件。

2. 隐身：在行车高峰期间，逃票者上车后总爱往人多的地方钻，企图以他人为屏障，躲开乘务员的视线。

3. 逃窜：看到乘务员工作认真或遇查票，他便东逃西窜，变换位置（如由前车厢跑到后车厢），待停站开门时，突然下车。

4. 伪装：当有较多人同时上车的情况下，这种逃票者会假作镇静，站在乘务员身边，有时会帮助传递车票，或与乘务员无话找话套近乎；亦有上车后故意做出其他一些行为的，如：看书报、吃点心，或相互交谈等等。

5. 冒充：这种逃票者有时会把貌似"老干部离休荣誉证"等一些证件，在乘务员面前一晃就赶快收起来。

6. 掩护：有的家长，为了让已超过1.3m的孩子不买票，两人硬挤在一块，被乘务员发现后叫他买票，这时他往往会以"小孩还没读书"或"我小孩从来就不买票"或"我小孩还不到标准"为借口。

掌握了乘车逃票者的这些反常动态后，我们乘务员就要有的放矢，将逃、漏票的现象降到最低。

（三）违章乘车的处理

1. 对无票、越站、使用废票等违章乘车的乘客，应严格按《条例》规定的处罚标准执行。

2. 对于以"冒充"手段违章乘车的乘客，可交有关方面严肃处理。在对违章乘车进行处理的过程中，应注意下面几点：

（1）耐心向对方宣传补、罚票款的规定，坚持以理服人，不准讽刺、谩骂，更不得非法扣留。

（2）按规定补罚票款。不准乱罚款，不准以感情代替规定。

（3）处理乘客违章乘车时，应以教育为主。遇乘客补、罚票款而身上无钱时，切勿强行扣留其物品。

二、正确处理乘务矛盾

乘务矛盾是指车辆在营运过程中，由于各种原因，发生在乘客与乘客之间或乘客与行车人员之间的纠纷、矛盾、冲突等。

在车厢内，由于乘客来自四面八方，加上车厢空间有限，容易导致矛盾的发生。所以，作为直接与乘客打交道的乘务员，正确处理车厢内所发生的矛盾，巧妙化解各种纠纷，创造一个文明和谐的乘车环境，这既是乘客的需要，也是社会主义精神文明建设的需要。

城市公交是服务性行业，它的行业特性决定了乘客是"上帝"。因此，乘务员在处理车厢内发生的各种矛盾时，总的原则是：得理让人，失理道歉。只要不是原则性的纠纷和矛盾，就要以和为贵，大事化小，小事化了。乘务员处理各种矛盾的基本方法有以下几条：

1. 严以律己

如果矛盾是发生在行车人员和乘客之间，这就要求乘务员能本着宽以待人、严以律己的态度，从严要求自己，多做自我批评。这是乘务员职业道德的要求，也是正确处理乘务矛盾、避免矛盾激化的基本方法。

2. 以理服人

当乘务矛盾的发生是由于乘客的误解所引发时，即使乘客理亏，我们也应耐心解释，耐心地与之交流，以求取得共识。对于少数不讲理的乘客，我们也应坚持以理服人，切不可你"不仁"，我"不义"，针锋相对，这样会使事态扩大、恶化。

在与乘客说理过程中，这个"理"一定要说得中听入耳，一定要说得有利于矛盾的化解，切不可得理不饶人，让理亏者听了无地自容，下不了台，以致恼羞成怒，再生事端。

3. 冷静对待

在行车过程中，遇到少数不文明乘客的语言伤害或行为攻击时，我们乘务员千万要冷静，不能头脑发热，置工作和一车乘客于不顾，去和对方"以牙还牙"，将车厢变成"战场"。这样做的话，只会给自己和企业带来更大的损失。

一旦遇到上述情况，正确的态度是：不与对方计较，退一步海阔天空，来个冷处理——我们乘务员要有这样的胸怀和气度。

4. 巧言相劝

在行车过程中，乘客之间产生了矛盾、纠纷，作为乘务员绝对不能充耳不闻、视而不见，应该责无旁贷地上前巧言劝解，平息矛盾和纷争。

所谓"巧言"，指的是机智、灵巧的语言。只有用机智、灵巧的语言去劝解矛盾的双方，才会使矛盾缓解。这就要求乘务员能针对矛盾双方的不同年龄、性别、身份、修养、气质，使用灵巧的话语去劝解，让双方都感到你是在关心他、爱护他。这样，他（她）们才会听从你的劝解，停止"唇枪舌剑"的互相伤害，还车厢一个宁静。

5. 及时反馈

个人的能力毕竟是有限的，而矛盾的多变性、复杂性却又是无止境的。当矛盾发生之初，乘务员就应该根据眼前情况进行分析、判断，如意识到矛盾有可能被激化，而仅凭个人的力量确实难以应对时，就应及时将信息反馈至有关部门和领导，由单位或组织来解决。这样，就能有效地控制事态，继续正常的营运工作。

三、熟悉沿线地理环境

改革开放，让上海插上了腾飞的翅膀，她的发展、变化让世人惊叹。城市变化了，交通线网自然也都随之扩展、变化。这样一来，在乘车过程中，别说那些初来上海的外地乘客，就连本土的上海人有时也会犯难，丈二和尚摸不着头脑。这就要求乘务员熟悉、掌握工作沿线的地理环境知识，以便在乘客需要时，当好他（她）们的"向导"和"参谋"，这对搞好服务工作是十分重要的。

乘务员钻研沿线区域地理知识的方法通常是一学二问三走访。

1. 学

主要是指通过书面材料学，如：服务手册、交通手册、地图册；自己将查阅、剪辑、收集到的资料经过加工而成的汇编等进行学习。交通离不开地理知识，而广博的地理知识来自辛勤劳动的积累。因此对于一个乘务员来讲，平时应多做有心人，努力做好资料的收集和整理工作，为自己从事的职业建立一个"知识库"。

2. 问，首先问自己，在自己的工作范围内自己应该掌握哪些知识？其次是问别人，问别人一定要带着问题请教，态度要诚恳。问的最大优点是请教的范围较广，可以是乘客，也可以是同事、朋友，特别是要向本系统本单位的熟悉业务的同志请教。

3. 走访，实地走访是目前许多优秀乘务员积累沿线地理知识最常用的方法。实践证明，这是最有效也是最准确的。因为通过实地走访获得的知识是立体的、感性的，因而记忆也是最牢固的。

走访的顺序应立足本路线，然后扩展到更大范围。一定要边走访，边记录，熟悉实地环境。在实地调查走访中，既要注意沿街的单位，也不能忽略深入腹地的一些有相当知名度的地名和单位。实地走访要及时记下门牌编号及其特征，必要时还可观测某个点和车站的距离，途中有何明显的参照物等等，以便在回答问询时让乘客加深印象。

公交企业的许多乘务员被人誉为"活地图"。他们根据自己几十年的工作实践经验总结，做出了许多判别地址所在区域的方法，并归纳出上海浦西地区门牌号码的三大特点：

（1）西大东小

即东西向道路两侧的门牌号码，由东向西排列，形成西大东小的特点。以南京东路为例，靠近外滩的起始号为 20 号，向西与江西中路交合处为 180 号，至浙江中路交合处为 680 号。

（2）南小北大

即南北向道路两侧的门牌号码，由南向北排列。以西藏中路为例，与延安路、武胜路交合处的门牌号码为 10 号，向北至南京路交合处为 400 号，至北京路交合处为 596 号。

（3）道路两侧门牌号码

东西向道路上，路南侧为双号排列，路北侧为单号排列。南北向东侧为双号，西侧为单号。

此外，上海老一辈优秀乘务员还研究出推测门牌号码与站距的一些经验。如市区一般每 500m 左右布设一个站点，以 5m 为一个门牌号码。由此可以推算出乘客乘行几站能到达目的地，从门牌号码间距还可以推测出没有标出门牌号码单位的大致编号。

乘务员应熟练掌握沿线主要单位的门牌号码，以便迅速、准确解答乘客的问询，真心实意地为乘客提供方便。

以上三种方法对积累地理知识都是行之有效的。但是积累的目的在于运用，要熟练地、得心应手地运用这些知识还需要乘务员反复记忆，反复运用，最终达到"得心应口"的最高境界。

四、特殊情况处理

公交车辆周而复始地在路线上营运，不可避免地会受到各种因素影响而发生一些特殊情况。若处理不当或不及时，则会影响到乘客的出行，影响到行业的声誉。因此，乘务员既要掌握一些基本业务知识和一般情况的处理方法，又要具有对突发性事件的应急处理能力，使之妥善、及时地得到解决，以保证正常的营运秩序。下面就一些常见的突发情况介绍一些处理原则和方法。

（一）车辆中途抛锚

营运中的车辆，有时会因机件设备故障等原因导致抛锚停驶，这不仅影响交通还会影响到乘客情绪，成为纠纷导火线。因此乘务员应本着适当解释、安抚情绪、疏散乘客的原则及时妥善处理。具体做法：

1．了解抛锚原因，做好解释工作，取得乘客谅解，并组织乘客免费转乘同线路同方向的车辆。

2．及时与终点站联系，让调度员心中有数。

3．协助驾驶员尽快与检修部门取得联系，及早修复。

4．因车辆抛锚导致道路阻塞时，乘务员应带头下车，动员乘客一起将车辆推至路边。

（二）行车（客伤）事故

车辆在行驶或停放时，由于驾驶员违反交通规则、驾驶操作不当、机件失灵或其他外来因素而造成车内、车外人身伤亡及财物损失等情况，属行车（客伤）事故。发生行车（客伤）事故首先应抢救伤者，同时保护好现场，找好旁证，及时与有关部门取得联系。

1. 抢救伤者：首先要将伤者及时送往医院，但行车人员不得同时离去，造成现场无人联系，延缓事故处理进程的被动局面。如伤者被挤压轮边，应动员乘客帮助抬起车或顺势推车，提醒驾驶员切勿发动车辆。在抢救伤者时，还要注意安全保管好伤者的物品。

2. 保护好现场：所谓现场，是指包括肇事双方车辆的位置、接触点、车身碰撞痕迹、地面散落物、车辆制动后的轮胎拖印和对事故有间、直接影响的一些人和物。对这一切，乘务员应主动加以保护，以便现场勘察时作为原始依据。如事故涉及范围较大，应宣传动员群众协助、保护现场。在这过程中，切忌与围观者发生冲突，以免造成混乱。如遇重大事故，乘务员还应保护好驾驶员。如果车辆恰在铁路口肇事，要及时与道口管理人员或交警、巡警取得联系，征得同意后方可移位，但要做好定位记号，以便复原勘察。

3. 找好旁证：发现有乘客或路人在议论，便可主动询问一下，了解议论者当时所处位置，看到的情况，注意一定要找亲眼目睹的证人。然后以诚恳的态度要求其留下姓名、单位、联系电话号码。如是证人自己笔书，一定要核对清楚，以免事后因字迹不清而成为废纸一张。现场证人要寻找两人以上。

4. 及时与有关部门联系：首先找附近交警、巡警，同时打电话通知上级部门。联系时应报清路线、方向、车号、地点、对象及基本伤势情况，所送医院及驾驶员、乘务员职号等。

在事故现场，作为乘务员应冷静地、有条不紊地把上述工作做好。至于事故的责任问题，切勿乱发表意见或参与争辩。否则，往往会帮倒忙，引出其他问题来。

（三）扒窃现象及防范措施

车厢是社会的一个缩影，难免存在一些违法现象，它的存在不仅侵害了广大乘客的人身财产安全，而且严重影响了正常的营运秩序。维护良好的公交客运秩序，既是每个行车人员也是每个乘客的应尽职责。为预防和减少公交客运车辆上各类违法现象，最大限度地维护乘客的合法权益，乘务员应当了解公交客运治安防范知识及其相应的处置方法。

1. 识别

俗话说，做贼心虚，从眼神上看，扒手的眼神同常人有明显的区别。无论在车站上还是在车厢内，他们的眼睛总是盯着乘客的口袋、背包等物品；从衣着上看，扒手在外表上与常人无异，有时穿着也比较讲究，个别的还穿着名牌服装，以掩饰自己。从举动上看，扒手上车时或上车后一般都不拉扶手，往往喜欢朝人拥挤的地方挤，并用手贴靠乘客的口袋、背包等物品，以判断有无钱物。同时，扒手往往用手臂、拎包、马夹袋、报纸和衣服等作为掩饰物挡住乘客的视线，伺机作案。另外，有的扒手往拥挤的车辆上挤，急于上车，而见车辆比较空时，却又不上车；有的扒手站在拥挤的车门口，趁乘客上车时作案，得手后迅速退出。目前女性扒手的比例也不少，她们往往以怀孕或身边带着小孩作掩护进行作案。

2. 防范

司、乘人员发现车厢或下车的乘客内有扒手，可用电子报站器向乘客发出提示信息或用巧妙语言进行口头提醒。若发现扒手正在实施扒窃活动，应当采取适当办法提醒乘客。若当时情况不允许立即采取行动，则可见机行事，同时记清扒手体貌特征、穿着打扮，向公安职能部门提供信息。乘务员要发扬见义勇为精神，做好安全防范工作。

乘客一旦发觉财物被窃并扭获扒手时，司、乘人员应及时关闭车门，不使扒手乘隙溜走，并想办法立即向附近交、巡警或公安机关报警。运营时发现乘客与违法犯罪分子进行斗争而且双方势均力敌的情况下，乘务员应对乘客予以必要的支持和帮助；在不利于被窃乘客的情况下，乘务员应当见机行事，迅速报警，同时动员其他乘客协助将违法犯罪分子扭送公安机关。

（四）其他违法现象及防范措施

1. 在车厢内，有时会发生女性被歹徒侮辱的现象。基于种种原因，被害女性发现歹徒对其进行侮辱时往往忍气吞声，不敢公开指责对方。乘务员应当主动关心被害妇女并问明情况，若发现情况严重，可向公安机关报告。

若被害妇女与歹徒发生争吵，乘务员应向被害人和周围乘客了解情况，视事态严重程度对肇事者进行批评教育或向公安机关报告。

2．乘务员发现有人在营运的公交车上进行反动宣传时，应当立即予以制止，收缴宣传品并报警或动员乘客将其扭送公安机关。

乘务员在公交车厢内发现反动宣传品，应当妥善保存，保护现场并报告有关部门。

3．车厢内若发生斗殴情况，乘务员应当在事态恶化之前，尽力进行劝阻和安抚，避免事态进一步发展。若发现事态无法控制，冲突升级时应迅速报警，必要时可驶往就近的公安机关处理。若有伤者出现生命危险，还应求助120急救中心。

（五）门客伤事故

门客伤事故指乘务员违反开关车门安全操作规程，致使乘客人身损伤或财物损失等情况。其处理原则是：不推卸责任，积极抢救（安抚）伤者。具体做法：

1．发生门客伤事故后，要视伤势情况采用不同的方法处理。如被车门碰撞后，仰面倒下、后脑着地出现昏迷或大出血等重伤现象，应将受伤者及时送往附近医院。如只是被车门挤压或撞击而出现轻伤状况，应请伤者记下该车号的值勤乘务员职号，前往本线路车队，让管理人员护送医院处理。

2．发生门客伤事故后，无论后果如何，寻找旁证是一件非常重要的事。因为伤者和乘务员各自描述的事故过程等只能作为参考意见之一，故必须有第三者做有力的旁证，最大限度做到公正、合理，妥善解决问题。

3．报告车队有关管理人员。发生门客伤事故后，一般情况下，一定要及时与车队有关管理人员联系，详细报告事故经过，提供证明人地址、姓名等，以利事故妥善解决。切忌隐瞒、谎报或私自解决，否则后患无穷。

（六）起火、漏电

营运中的车辆，偶尔会因多种原因突然发生起火、漏电等意想不到的情况，此时，乘务员应沉着、冷静，本着避免人身伤亡、减少事故损失的原则，果断采取措施加以解决。具体做法是：

1．车辆一旦起火，乘务员应立即打开车门，疏散乘客；随后配合驾驶员迅速将车辆靠边停妥，切断电源（电车首先拉下集电杆），关闭点火开关，采用各种灭火手段。必要时立即向消防部门报告。

2．电车一旦漏电，乘务员应立即通知驾驶员停车并切断电源。如地面潮湿，乘务员下车后不要触及车身，先拉下外档（左边）集电杆，然后再拉下里档（右边）集电杆。若漏电时地面有积水，乘务员应告诫乘客千万不能下车，此时，乘务员应立即敲碎车尾挡风玻璃，拉下集电杆，排除电患后，乘务员方可动员乘客下车。

3．电车在运行中，若遇架空线网断落下垂且地面潮湿时，乘务员应采用绝缘体将下垂于地面的架空线钳断或拴起，并做好现场的保护、解释工作，以免行人触电。同时乘务员要立即报告电车供电所或事故抢修部门以及通知本线路调度员。

（七）特殊天气

天有不测风云，自然界一年四季难免会出现暴雨、大雾、大雪等恶劣气候，如遇这类天气，乘务员应以"安全第一、耐心解释"的原则加以妥善处理。具体做法是：

1．雨天

如遇大暴雨，行人、自行车在匆忙中容易滑倒。车辆进站，乘务员要勤招呼，做好安全宣传。要招呼上车乘客迅速妥善收好雨具，雨伞的尖头一定要向下，以免刺伤别人。如遇地面有大面积区域积水，车辆在通过这一区域时，乘务员要密切配合驾驶员保障车辆里档安全，避免行人、自行车突然接触车身或滑倒而引起伤亡事故。如积水超过限定标准（半个轮胎）时，应作停驶处理。

2. 雾天、冰雪天

如遇大雾天，能见度在 5m 以内，车辆必须停驶。乘务员要配合驾驶员把车辆靠边停妥，并报告现场调度员，同时做好对乘客的宣传、解释工作。

如遇冰雪天车辆进站时，乘务员必须做好安全招呼工作。劝阻候车乘客注意安全，不要离车太近，以免车辆"横滑"伤人，同时还要铲清车门踏步上的结冰，以免乘客上下车滑倒而引起伤亡事故。

营运过程中出现的特殊情况是错综复杂的，有时甚至是难以预测的，尽管概率不大，但不可掉以轻心。如何正确妥善地处理，做到兼顾国家、经营者以及广大乘客的利益，这是乘务员应该努力做到的。因此乘务员应在工作实践中不断学习、探索，总结出一套行之有效的方法，以提高服务质量，最大限度满足乘客出行需求。

第四节　公共汽车和电车票务管理

票务管理是公交企业经营管理的重要组成部分。票务制度是公交企业针对票务工作制定的规章制度。公交企业在客运经营中使用的各种票证、票据是企业核算客运收入的主要依据，也是乘客乘车的付资凭证，属于有价证券。票务管理工作涉及面较广，有服务效益、经济效益及经营管理等方面的内容，本节就乘务员应该熟知、掌握并严格遵循的有关内容作重点介绍。

一、票务制度的基本内容

1. 市区线路乘务员领用车票一般实行买卖制。买票金额由各单位自定。

2. 凡实行领箱制的单位或路线，应制定规范的票箱领用管理制度。

3. 乘务员值勤时带好工具，包括票板、票钳、客票并备好零找。出售车票时应按下列规定执行：

(1) 值勤时带足车票，严格执行一人一票制度，不得拼票出售或多人合一票。

(2) 按照各车票的票记、票号顺序发售，不得倒售票（适用领箱制）。

(3) 按站级或日期编号在客票上正确打洞，不得拆钉连根出售（适用领箱制）。

(4) 车至终点站，须将车票交当班调度员签注售止号；无调度员的，可由乘务员互签，或由驾驶员代签。

为什么要签票？它有两个作用，一是便于业调部门做时间上、方向上的客流调查，二是便于稽查人员在查票时，根据签票号来确定乘客的上车方向，防止乘客重复使用车票，并为因票务而引起的批评、检举、纠纷等问题提供调查核实的原始记录。

二、售票工作中特殊情况处理方法

1. 在售票过程中，发现车票重号、跳号、多张、缺张及票面污残严重，辨认不清等情况，应停止出售，连同票根一并保存，交票务部门处理。

2. 因工作失误造成车票已打洞而未及时售出，须经当班调度员签注后方可重新使用，否则作废票处理。

3. 值勤时遇车票脱销，须经当班调度员向其他乘务员借用，并在双方结账单上签注借入的票级、票记、票号及张数。

4. 乘务员除了应遵守上述票务制度外，在工作中还应注意以下购票标准：

(1) 每位乘客可免费带领一名身高 1.3m 以下儿童乘客，超过一名的按超过人数购票。无成年人带领的学龄前儿童不得单独乘车。

(2) 残疾军人凭本人《中华人民共和国残疾军人证》，伤残警察凭本人《中华人民共和国伤残人民警察证》，离休干部凭本人《中华人民共和国老干部离休荣誉证》或《中国人民解放军离休干部荣誉证》，盲人凭本人《上海市盲人免费乘车船证》，革命烈士家属凭本人《上海市革命烈士家属优待证》可免费乘坐本市除旅游线路、机场线路以外的公共汽车和电车线路的车辆。

（3）本市70周岁以上老人除工作日高峰时段外（高峰时段为7∶00至9∶00，17∶00至19∶00）持本人敬老服务卡可免费乘车（旅游线路和机场线路除外）。

（4）行李物品总重量超过15kg或体积超过$0.1m^3$的，应当购买行李票。行李票按所购车票值计算。车厢拥挤时，乘客不得携带体积超过$0.1m^3$的行李物品上车。

三、票务违章性质的划分及处理

城市公交行业所发行的各类票证都是有价证券。乘务员的票务工作，从车票发售到结账和缴款等每道工序都具有财务管理的性质和要求。因此乘务员的票务工作也应具有一套完整的票务顺序，以避免不应有的漏洞出现。为了维护国家和集体的利益不受侵犯，从业人员应树立遵纪守法的观念，严格遵守票务管理各项规定，杜绝票务违章事件的发生。

（一）票务违章

票务违章是指乘务员由于过失或故意违反票务管理规定的行为。票务违章分票务差错、票务事故、票务贪污三类：

1．票务差错

（1）倒售票：指未按票记、票号顺序出售车票（实行领票买卖制的除外）。

（2）售错车票：指未按乘客实际乘距应付车资，多售或少售客票。

（3）拼票出售：指用多张车票作一份票值出售，或以一张车票作为多张低值票出售。

（4）遗失或忘带结算单和箱卡、购票卡：指值勤中，缴款前忘带结算卡，购票以及结算单、箱卡、购票卡遗失等。

（5）借故拒收预售票。

（6）出售拆钉票、无洞票：指将票钉拆松连根出售或出售不轧站级的无洞票（单一票价除外）。

（7）缴款不结帐：指缴款时乘务员未自行结帐。

（8）不签客票：指在值勤中车到终点后，未签过起止号。

以上八种情况发生其中一种者，则为票务差错。

2．票务事故

（1）未领票箱或不带车票：指值勤时未领票箱或未带车票（包括车辆离站后忘带、拿票板）。

（2）隔天缴款：指值勤后，当天未结账缴款（实行领票买卖制的除外）。

（3）不售票或少售票：指值勤时故意不售票或少售票。

（4）漏票：指车厢满载率低于30%时，车内尚有乘客连乘两站以上而未购票。

（5）滥收行李票及乱罚票：指未按规定的收费标准，多收取行李票及对乘客进行乱罚票处理。

（6）遗失车票：指因保管不当，遗失车票。

（7）私自涂改账单：指未经票务部门同意，擅自改动账单记录。

以上七种情况发生其中一种者，则为票务事故。

3．票务贪污

（1）多收少给：指给乘客车票的面值低于乘客所付的车资及故意侵吞零找。

（2）收钱不给票：指收取乘客车资而未给车票。

（3）出售抽芯票：指值勤时抽芯跳号出售车票，并将所得票款占为已有（实行领票买卖制的除外）。

（4）出售废票：指值勤时出售非本人所领用的有效车票，或出售已使用过的无效票。

（5）挪用票款：指私自将票款挪作它用。

（6）侵吞溢收款：指将溢收款占为已有。

(7) 收受乘客物品而允许其不购买车票。

以上七种情况发生其中一项者，作票务贪污论处。

(二) 违章处理

为了维护国家财产不受侵害，保障城市公交企业和广大职工的经济利益，针对种种票务违章行为，特制定如下处罚规定：

1. 发生收钱不给票或出售废票的，作票务贪污处理。可给予相应的行政或经济处罚。

2. 未按交款规定及时交清票款者，作票务事故处理。具体处理时，以教育为主，对屡教不改者，可按企业的有关规定给予相应的行政或经济处罚。

3. 司乘人员无故不使用POS机的、私自开启无人售票车投币箱的、丢失或故意损坏POS机的、车辆发生故障而值勤人员擅自离开车厢，致使投币箱营业款被盗的，可给予行政或经济处罚，具体标准，可结合各企业的考核规定执行。

第五节　有关交通安全法律、法规

2004年5月1日起施行的《中华人民共和国道路交通安全法》(以下简称道路交通安全法) 以及《中华人民共和国道路交通安全法实施条例》(以下简称实施条例)，其颁布的主要目的是为了维护正常的道路交通秩序，预防和减少各类交通事故的发生，保护公民的人身、财产安全。

城市公共汽车和电车整日穿行于大街小巷，行车人员若交通安全意识淡薄，则难免要出差错，轻者个人经济受损，重者将受到法律惩处，害人害己，因此万不可等闲视之。公交乘务员了解、掌握一些交通安全法律、法规的有关知识，一方面是为了提高自身的法律意识，更重要的是为了在行车过程中能督促有违章行为或意识的驾驶员严格遵守交通安全法律、法规，确保行车安全。

一、交通信号的种类

道路交通安全法第二十五条规定,全国实行统一的道路交通信号。

交通信号包括交通信号灯、交通标志、交通标线及交通警察的指挥等四部分内容。下文就主要内容作一简要介绍。

(一)交通信号灯

交通信号灯由红灯、绿灯、黄灯组成。红灯表示禁止通行,绿灯表示准许通行,黄灯表示警示。

(二)交通标志

道路交通标志是提供车辆驾驶员和行人必要的道路交通信息,用以管理和引导交通,以利出行及行车安全,共分为七大类:

1. 警告标志

警告车辆和行人注意危险地点的标志。其颜色为黄底、黑边、黑图案;其形状为等边三角形,顶角朝上。

2. 禁令标志

禁止、限制或遵行车辆、行人交通作为的标志。其颜色为白底、红圈、红杠、黑图案(除个别标志以外);形状绝大部分为圆形。

3. 指示标志

指示车辆、行人行进的标志。其颜色为蓝底、白图案;形状为圆、长方及正方形。

4. 指路标志

传递道路方向、地点、距离信息的标志。其颜色为蓝底、白图案(高速公路为绿底白图案);形状为圆、长方及正方形。

5. 旅游区标志

为吸引和指示人们从高速公路或其他道路上前往邻近的旅游区,了解方向和距离及旅游项目的类别。其颜色为棕色底白色案符;形状主要为长方及正方形。

6. 道路施工安全标志

用以通告高速公路及一般道路交通阻断、绕行等情况，用以警示驾驶人员减速、变换车道、注意行车安全的标志。

7．辅助标志

附设于主标志下、起辅助说明作用的标志，辅助标志不能单独设立。

（三）交通标线

道路交通标线是由标划于路面上的各种线条、箭头、文字、立面标记、突起路标和轮廓等所构成的交通安全设施。其作用是管制和引导交通，可与交通标志配合使用，也可单独使用。

交通标线包括：

1．指示标线

指示车行道、行车方向、路面边缘、人行道等设施的标线。

2．禁止标线

告示道路交通的遵行、禁止、限制等特殊规定，车辆驾驶人员及行人需严格遵守的标线。

3．警告标线

促使车辆驾驶人员及行人了解道路上的特殊情况，提高警觉，准备防范应变措施的标线。

二、道路交通安全法有关内容

第二条　中华人民共和国境内的车辆驾驶人、行人、乘车人以及与道路交通活动有关的单位和个人，都应当遵守本法。

第十九条　驾驶人应当按照驾驶证载明的准驾车型驾驶机动车；驾驶机动车时，应当随身携带机动车驾驶证。

第二十一条　驾驶人驾驶机动车上道路行驶前，应当对机动车的安全技术性能进行认真检查；不得驾驶安全设施不全或者机件不符合技术标准等具有安全隐患的机动车。

第二十二条　机动车驾驶人应当遵守道路交通安全法律、法规的规定，按照操作规范安全驾驶、文明驾驶。

饮酒、服用国家管制的精神药品或者麻醉药品，或者有妨碍安全驾驶机动车的疾病，或者过度疲劳影响安全驾驶的，不得驾驶机动车。

任何人不得强迫、指使、纵容驾驶人违反道路交通安全法律、法规和机动车安全驾驶要求驾驶机动车。

第三十五条 机动车、非机动车实行右侧通行。

第三十六条 根据道路条件和通行需要，道路划分为机动车道、非机动车道和人行道，机动车、非机动车、行人实行分道通行。没有划分机动车道、非机动车道和人行道的，机动车在道路中间通行，非机动车和行人在道路两侧通行。

第三十七条 道路划设专用车道的，在专用车道内，只准许规定的车辆通行，其他车辆不得进入专用车道内行驶。

第三十八条 车辆、行人应当按照交通信号通行；遇有交通警察现场指挥时，应当按照交通警察的指挥通行；在没有交通信号的道路上，应当在确保安全、畅通的原则下通行。

第四十二条 机动车上道路行驶，不得超过限速标志标明的最高时速。在没有限速标志的路段，应当保持安全车速。

夜间行驶或者在容易发生危险的路段行驶，以及遇有沙尘、冰雹、雨、雪、雾、结冰等气象条件时，应当降低行驶速度。

第四十三条 同车道行驶的机动车，后车应当与前车保持足以采取紧急制动措施的安全距离。有下列情形之一的，不得超车：

（一）前车正在左转弯、掉头、超车的；

（二）与对面来车有会车可能的；

（三）前车为执行紧急任务的警车、消防车、救护车、工程车的；

（四）行经铁路口、交叉路口、窄桥、弯道、陡坡、隧道、人行横道、市区交通流量大的路段等没有超车条件的。

第四十四条 机动车通过交叉路口，应当按照交通信号灯、交通标志、交通标线或者交通警察的指挥通过，通过没有交通信号灯、交通标志、交通标线或者交通警察指挥的交叉路口时，应当减速慢行，并让行人和优先通行的车辆先行。

第四十五条　机动车遇有前方车辆停车排队等候或者缓慢行驶时，不得借道超车或者占用对面车道，不得穿插等候的车辆。

在车道减少的路段、路口，或者在没有交通信号灯、交通标志、交通标线或者交通警察指挥的交叉路口遇到停车排队等候或者缓慢行驶时，机动车应当依次交替通行。

第四十六条　机动车通过铁路道口时，应当按照交通信号或者管理人员的指挥通行；没有交通信号或者管理人员的，应当减速，在确认安全后通过。

第四十七条　机动车行经人行横道时，应当减速行驶；遇行人正在通过人行横道，应当停车让行。

机动车行经没有交通信号的道路时，遇行人横过道路，应当避让。

第四十九条　机动车载人不得超过核定的人数，客运机动车不得违反规定载货。

第六十六条　乘车人不得携带易燃易爆等危险物品，不得向车外抛洒物品，不得有影响驾驶人安全驾驶的行为。

第七十条　在道路上发生交通事故，车辆驾驶人应当立即停车，保护现场；造成人身伤亡的，车辆驾驶人应当立即抢救受伤人员，并迅速报告执勤的交通警察或者公安机关交通管理部门。

第七十六条　机动车之间发生交通事故的，由有过错的一方承担责任；双方都有过错的，按照各自过错的比例分担责任。

机动车与非机动车驾驶人、行人之间发生交通事故的，由机动车一方承担责任；但是，有证据证明非机动车驾驶人、行人违反道路交通安全法律、法规，机动车驾驶人已经采取必要处置措施的，减轻机动车一方的责任。

交通事故的损失是由非机动车驾驶人、行人故意造成的，机动车一方不承担责任。

第八十八条　对道路交通安全违法行为的处罚种类包括：警告、罚款、暂扣或者吊销机动车驾驶证、拘留。

第九十条　机动车驾驶人违反道路交通安全法律、法规关于道路通行规定的，处警告或者 20 元以上 200 元以下罚款。

第九十一条 饮酒后驾驶运营机动车的，处暂扣三个月机动车驾驶证，并处 500 元罚款；醉酒后驾驶运营机动车的，由公安机关交通管理部门约束至酒醒，处 15 日以下拘留和暂扣六个月机动车驾驶证，并处 2000 元罚款。

一年内有前两款规定醉酒后驾驶机动车的行为，被处罚两次以上的，吊销机动车驾驶证，五年内不得驾驶运营机动车。

第九十九条 有下列行为之一的，由公安机关交通管理部门处 200 元以上 2000 元以下罚款。

机动车行驶超过规定时速百分之五十的；

强迫机动车驾驶人违反道路交通安全法律、法规和机动车安全驾驶要求驾驶机动车，造成交通事故，尚不构成犯罪的；

违反交通管制的规定强行通行，不听劝阻的。

三、道路交通安全法实施条例有关内容

第二条 中华人民共和国境内的车辆驾驶人、行人、乘车人以及与道路交通活动有关的单位和个人，应当遵守道路交通安全法和本条例。

第三十四条 开辟或者调整公共汽车、长途汽车的行驶路线或者车站，应当符合交通规划和安全、畅通的要求。

第四十四条 在道路同方向划有两条以上机动车道的，变更车道的机动车不得影响相关车道内行驶的机动车的正常行驶。

第四十六条 机动车行驶中遇有下列情形之一的，最高行驶速度不得超过 30km/h：

（一）进出非机动车道，通过铁路道口、急弯路、窄路、窄桥时；

（二）掉头、转弯、下陡坡时；

（三）遇雾、雨、雪、沙尘、冰雹，能见度在 50m 以内时；

（四）在冰雪、泥泞的道路上行驶时。

第六十二条 驾驶机动车不得有下列行为：

（一）在车门、车厢没有关好时行车；

（二）在机动车驾驶室的前后窗范围内悬挂、放置妨碍驾驶人视线的物品；

（三）拨打接听手持电话、观看电视等妨碍安全驾驶的行为；

（四）下陡坡时熄火或者空挡滑行；

（五）向道路上抛撒物品；

（六）连续驾驶机动车超过 4 小时未停车休息或者停车休息时间少于 20 分钟；

（七）在禁止鸣喇叭的区域或者路段鸣喇叭。

第六十三条　机动车在道路上临时停车，应当遵守下列规定：

（一）公共汽车站、急救站、加油站、消防栓或者消防队（站）门前以及距离上述地点 30m 以内的路段，除使用上述设施的以外，不得停车；

（二）车辆停稳前不得开车门和上、下人员，开、关车门不得妨碍其他车辆和行人通行；

（三）城市公共汽车不得在站点以外的路段停车上下乘客。

第一〇五条　机动车驾驶人有饮酒、醉酒、服用国家管制的精神药品或者麻醉药品嫌疑的，应当接受测试、检验。

第四章　公共汽车和电车调度员工作规范

第一节　调度管理和职能

城市公共交通以满足市民出行需要为根本出发点，它的营运和管理突出"以人为本、服务为本"的理念。作为城市公共交通基础的公共汽车和电车，要顺利完成这一任务就要进行一系列有序的运输组织工作，这个组织工作即是公交营运调度管理工作。

公交营运调度工作内容主要有以下几个方面：
1. 参与公交线网规划；
2. 线路营运质量管理；
3. 企业营运业务管理；
4. 线路营运现场调度管理。

以上几方面的工作内容反映出公交营运调度管理主要是从时间和空间上组织起一个较为完善的公交营运网络，力求通过加强营运理提高营运质量，根据公交客流动态变化规律对其复杂多变的营运过程进行组织、指挥、监督和调节，使其成为有序的营运服务，最大限度地从站点设置、营运时间、线路营运形式、线路车辆配置等方面来满足市民出行需求，将政府对公交企业的产业政策、企业的经营目标贯彻到具体的营运组织过程中去，达到社会服务和企业经营效益同步提高的良好循环。

营运调度工作根据其工作内容和形式分为三大类－计划调度、值班调度和站点调度。

计划调度－研究路线客流动态变化的基本规律并根据其变化规律和国家（行业）要求，结合企业的经营需要，编制路线行车作业计划和临时应急调度预案；定期对其实施情况进行检查分析和调整；

定期提出营运活动和经营情况的分析报告。

值班调度－负责全日路线营运计划的执行监控，协调解决所属路线营运过程中出现的各种问题，及时传递营运信息。

站点调度－负责本路线行车作业计划和应急调度方案的执行和落实，负责本路线车辆的营运调度，及时下达对每辆营运车辆和乘务人员的调度指令。

营运调度工作按其指挥职能实行多级调度指挥系统：一般实施公司（一级调度机构）、分公司车队（二级调度机构）、路线（三级调度机构）。各级调度指挥机构根据其所属指挥范围区域承担其相应的指挥职能，指挥形式有通过逐级指挥和越级直接指挥两种形式，任何一级指挥机构必须服从上一级和最高调度指挥机构的直接指挥。上述指挥机构的设置和指挥职能的划分基本上适应了目前城市公交的实际情况。

第二节　线网和线网优化

城市公共汽车和电车最显著的特点是按照固定的线路营运。公交的作用、效率和对乘客吸引力的发挥，在很大程度上与线网的合理性密切相关。城市布局形态发生重大变化，要求公交线网相应调整；轨道交通系统逐步形成，要求公交线网相配套；道路建设等级不断提高，要求公交线网相协调。根据城市总体规划和公共交通发展的总体目标、轨道交通建设计划，以公交线网的服务水平要求为依据，通过线网优化，提高城市公交的整体服务水平和竞争能力，适应城市建设发展的需求。

一、线网长度及线网密度的概念

线网长度是指营运线路长度总和，扣除重复线段后的长度。线路密度是指规定区域内，平均每平方公里设置的线网长度。这两项指标从不同侧面反映了公交服务供应能力的高低。线网优化将有助于改善公交的服务供应能力，合理配置和充分发挥现有资源；扩大线网的覆盖率，有助于改善公交形象，提高公交营运效率。

二、线网优化调整的指导思想及目标

1. 线网优化调整的指导思想

一个高效的公交线网，应该是一个以轨道网络为骨干，以道路资源为基础，适应并有利于城市发展，满足不同出行距离、不同出行需求的多级公交网络。针对上海城市轨道交通网络尚未完善而交通供需矛盾突出这一特性，公交线网布局应充分、合理利用道路资源，提高公交的营运效率，突出城市轨道交通与公交的良好互补关系，实现城市交通基础设施的充分发挥，满足城市经济的发展需求。

2. 线网优化调整目标

上海城市公共交通发展的总体目标，是坚持"以人为本"、公交优先，形成一个多种交通方式协调发展、衔接便捷的一体化公共交通体系，最大限度地满足广大居民的出行需求。一体化公共交通体系的服务水平目标体现为"六个一"：

（1）内外环之间住宅小区通过一次换乘到达中央商务区；

（2）轨道交通周边住宅小区通过一次乘车到达轨道交通站点；

（3）外环线内住宅小区到市中心主要活动场所耗时在一小时内；

（4）新城之间通过一次乘车实现互通；

（5）新城区居民通过一次乘车到达外环线；

（6）新城区通过一次乘车到达隶属的中心镇、集镇（乡）。

为达到上述目标，除轨道交通网外，还必须构筑便捷、遍布全市、适应各个层次需求的公交网络。不同层次的公交网络将由大、中、小型枢纽进行锚固，为乘客提供便捷的服务。目前分区域优化调整公交线网，中心区内消减不合理的重复线路，适当降低车辆密度，增加与轨道交通接驳的线路；外围区形成以重要枢纽为核心的外向辐射网；郊区填补空白，形成以新城和轨道站点为核心的放射形状线网格局。

第三节 公共汽车和电车的客流和客流调查

一、公共汽车和电车的客流及特性

城市公交的服务对象就是需要乘坐公交车辆的乘客。公共汽车和电车营运生产的基本任务就是安全、准点、迅速、方便、舒适地将乘客送达目的地。因此，城市公交企业的营运管理工作最终目的是为了解决乘客的乘车问题，满足乘客的乘车需求。由此可见，乘客乃是城市公交企业必须重点研究的对象。

乘客，乘坐公交车辆沿着公交的营运线路朝着各自的目的地流动就形成了城市公交的客流。客流量的多少，从总的方面来说，它反映了市民中需要乘坐公交车辆的数量程度。但是，客流随着时间推移而在空间位置上（方向和地段）是不断变化的。因此，只有充分掌握营运线路客流动态（乘客动态）的特点和变化规律，才能有效地组织好营运线路的营运生产，才能真正地为市民的出行提供良好的乘车条件，才能最大限度地在提高营运服务质量的同时，取得较好的经济效益。所以，掌握乘客动态资料是搞好城市公交企业营运调度工作的基础。

（一）客流的概念

城市公交的客流，是指市民中为了一定的出行目的，需要乘坐公交车辆来实现其位移的乘客群。它是由一定数量的乘客，在一定时间内乘坐公交车辆，随着公交车辆流动以实现其在空间和时间上的移动。它主要由市民因生产、生活学习等的需要而出行乘车所形成的。客流量的大小取决于：

1. 城市的规模大小，人口密度，经济水平，城市功能布局和地理环境等因素。

2. 城市公交线路网布设的合理程度，票价和服务质量等因素。而客流量的多少及其流动范围的大小，又在一定程度上决定着城市公交企业发展的规模和方向。

城市公交企业既要讲究社会服务效益，提高服务质量，满足乘客的乘车需求，又要讲究企业的经济效益，提高营运效率，降低营运成本，扩大再生产。而要达到如此经济合理地组织运行生产的目的，就必须充分掌握乘客乘车动态的特点和变化规律，并辅之以各种有效的行车调度方案，从而使运送能力基本与乘客流量经常保持相适应，才能实现企业在提高社会服务效益的同时又取得良好的经济效益的经营目标。

乘客在出行乘车过程中的流动状态—乘客动态，是由客流的四个要素决定的。客流的四要素是：流量、流向、流时和流程。

"流量"即乘客流动的数量；"流向"即乘客流动的方向；"流时"即乘客乘车的时间；"流程"即乘客乘坐的路程。城市公交企业营运线路的生产能力强度和生产组织形式，也是由客流的四要素所决定的。研究乘客、掌握乘客动态，实际上就是要研究掌握客流四要素所决定的营运线路的乘客动态资料。

综上所述，经常及时地研究和掌握乘客动态，是城市公交企业经营管理活动的基础和出发点，乘客动态资料是组织运行生产活动极为重要的客观依据。

（二）客流的构成及其特点

客流，是市民为生产、生活和学习需要而出行乘车所形成的。因此，乘客流动状态（乘客动态）是由乘客的出行目的所决定的。不同出行目的乘客构成不同的客流。据此，客流的构成，以人们出行乘车的目的来区分，一般可分为工作性客流和生活性客流两大类。

工作性客流：它是由职工因上、下班（包括学生因上学、放学）的需求目的而出行乘车所构成的。工作性客流的动态特点是：流量大，乘车时间相对集中，形成客流的高峰时间短，规律性较强，比较稳定，它是客流高峰的主要来源，是客流量的主体部分。

生活性客流：它是由市民因各种生活需要（如购物、探亲访友、就医、参加文化体育活动等）所构成的。生活性客流的动态特点是：

客流的形成在一天中持续的时间长，受气候变化和季节因素的影响较大，一般节假日的生活性客流量较大，平日生活性客流量较小，与工作性客流相比较，它具有较大的不稳定性。

另外，以分布在不同地域的市民的出行乘车而构成的客流来区分，一般可分为市区客流和郊区客流两大类。

市区客流的特点是：流量大，时间性强，起伏变化幅度大，高峰时间明显。乘车距离短，转换车交替频繁。

郊区客流的特点是：流量小，乘车距离长，早、夜方向性差异大，一般呈早进城、晚归乡的动态。节假日的乘车人数多。受农事忙闲、天气变化和季节转换的影响较大。

(三）客流动态的基本特性

1．客流在空间上的特性

客流分布在城市的各个地区、各个角落，凡是有人群聚集的地方都有可能形成客流。它不仅涉及面很广，分布点很散，又彼此相互流动，相互联系，相互影响。客流在空间上的这种特性可概括为点多、面广、流动、重叠和相关五个方面。

(1) 点多

所谓"点"即产生客流的客源点（亦称集散点），也就是乘客出行的起迄点。如：住宅区、工业区、商业区、文化娱乐区等地方，都是产生客流的客源点。有些客源点不仅有当地产生的客流，而且还有大量流入当地的外地客流（如火车站、码头、机场等）。客流量大的客源点又称为集散点，如在中心区、交通枢纽、车站码头、公交交叉点等地方都有大小不等的集散点。集散点是以上、下车乘客众多，相互转换车频繁为其基本特征。如果仅以公交客运线路的停靠站列为客源点，则整个城市的客源点就很多了。而且，这些客源点随着城市建设的发展，将不断地增多。

(2) 面广

整个城市的众多客源点，并非集中在一个或几个地区，而是分布在城市的各个地区。一般来说多数客源点在市区，少数客源点在郊区，直至城市边缘。城市规模越大，客源点的分布也就越广。随着城市功能分区的布局逐步趋向合理化，客源点的分布也会逐步趋向均匀。客源点分布面广的这一特性，决定着城市公交线路网布设的要求。

（3）流动

客流的本质就是流动，市民不出行乘车流动，也就不构成客流。客源点的乘客，由于出行目的性和目的地不同，其流动的数量、时间、方向和距离各不相同，流动的速度和密度也不相同。但总的流动程度与客源点的数量和分布有着十分密切的关系，客源点越多，分布面越广，其流动程度也就越大。而流动程度的大小直接关联着城市公交企业规模的大小，也决定着营运线路生产能力强度的大小。

（4）重叠

乘客在城市各个客源点陆续上车，在随车流动的过程中，可能在城市的某些地段相互交叉，相互重叠。这种相交重叠的特性是由城市规模的大小和功能布局的合理程度所决定的。在出行流动的各个路段上，有的路段重叠数量大，有的路段重叠数量小，有的重叠路段长，有的重叠路段短。客流重叠数量的大小和长短，是决定城市公交企业运行线路组织和营运线路运行生产组织的重要因素之一。

（5）相关

由于客流在出行流程中，经常相互交叉，相互重叠，致使城市各个客源点的客流相互牵连，相互影响。实际上，城市的整个客流就是一个客流网，某一个客源点或某一路段的客流发生异状变化，必然会影响其他客源点或路段，甚至整个客流网的客流变化。这种相互牵制、相互影响的特点就是客流的相关特性。

2. 客流在时间上的特性

客流的时间性很强，随着时间的推移，客流的产生和消失在线路上、方向上和断面上都是一刻不停地变化着。这种变化从现象来看是错综复杂的,经进一步地观察分析,便能掌握客流的变化在一定范围内具有各自变化的特征和规律性。上海市城市公交企业集几十年的经营管理经验,将客流在时间上的特性概括为"多变有规律,集中不平衡"是有一定道理的。客流在时间上的特性,一般表现为波动性、周期性和趋势性。

(1) 波动性

客流的波动性,是指客流量在时间上的变化呈波浪状起伏的不均衡性,有起有伏,有峰有谷。客流量不论是在一昼夜内、还是一星期内、一个月内或是一年之内都是不均衡的。例如:一昼夜内,客流大都集中在早夜上下班高峰时间(郊区客流也大都集中在早进城、晚归乡的时间段内);一星期内,客流大都在周休日和周休的前后日较高;一月之内,客流量大都集中在沿线企事业单位职工领发工资奖金之后几天;一年之内一般是年初、岁末、节日和春秋两季客流量较高。总之,客流量在一定范围内是呈不同程度的集中趋势。这种由波峰、波谷形成的客流量波动状态,显示出客流在时间上不均衡的特性。

客流的集中趋势,不仅表现在时间上,同样在线路上、方向上、断面上也存在着客流相对集中的不平衡性。在昼夜时间内,客流相对集中的线路称为重点线路,其他线路称一般线路;客流相对集中的时间称为高峰小时(一般有早夜两个高峰小时),其他则称为一般小时或低谷小时;客流相对集中的方向称为高单向,其他则称为低单向;客流相对集中的断面称为高断面,其他则称为一般断面或低断面。

(2) 周期性

客流的周期性,是指客流波动在一定时间的周期内所呈现周而复始状态的循环性。

客流的变化虽然是波动的,不均衡的,但是客流相对集中的不平衡性在一定时间的周期内呈循环重复,它具有重复演变的周期性。今日客流集中在某段时间内,明日一般也集中在那段时间(节假日例外);这个星期客流集中在某几天,下个星期一般也集中在那几天;今年客流集中在某季、月,明年一般也集中在那些季、月里。这种大致重复演变现象形成的客流在一定幅度内周期循环的规律性,是客流变化极为重要的特征。城市公交企业就是运用客流演变的周期性来进行客流预测,并以此作为组织运行生产的主要依据,合理编制行车作业计划,提高营运效率。

(3) 趋势性

客流的趋势性,是指客流量由于各种因素的影响而呈现增长或减少的一种趋向性(目前上海市客运市场的需求客流量还是呈增长的趋势)。

客流是随着时间的推移而不断地循环变化的,但客流量的总体水平却不是始终停留在一个水准上的,就上海近年来客运市场的需求和客流量变化的趋势来看,随着城市建设的发展,经济高速度的增长,市民区的扩展,人民物质文化生活水平的不断提高,客流量呈现不断上升的增长趋势(同时还包含着乘客乘车多层次需求的增长趋势)。

(四) 客流动态的一般规律

客流动态随着时间的推移或受外界各种因素影响,是经常不断地在发生变化的。但经过充分的调查研究和数据分析,在一定的时间和范围内,其变异的程度具有一定的规律性。掌握客流动态变化的规律是城市公交企业搞好营运服务生产、满足乘客乘车需求、提高营运效率的基本条件之一。

1. 客流在空间上的动态规律

空间上的客流动态规律,是指客流在城市各地区、各地段、各地点的变化状态的特点及其内在联系。客流的这种空间动态规律受城市功能区分布状况和人口密度的影响最大。

(1) 线路网上的客流动态

线路网上的客流动态是指整个城市平面上分布的客流状态,它反映全市公交线路网上客流量的多少及其分布特点。线路网上的客流动态,一般说是由城市中心区的集散点逐渐向外围延伸,城市(市、区、县)中心区客流量总是相对集中,边缘地区则相对稀散。

客流动态的分布与城市的总体功能布局有很大的关系,并受城市道路格局条件的限制。客流动态特点反映在线路网上,归纳起来一般可分为放射型、放射环型、棋盘型和不规则型等几种类型。研究线路网上的客流动态变化的方向和数值及其波动的幅度,可以为新辟和调整线路提供可靠的数据资料。

(2) 方向上的客流动态

城市公交的营运线路都有上行和下行两个行向。两个方向的客流量在同一时间分组内有的线路双向客流量比较接近,有的线路则双向客流量差距很大。由上、下行两个方向的客流量可计算出两个数值,根据两个方向的动态数值的比较,其动态类型可分为单向型和双向型两种。

单向型:指线路两个方向的客流量数值差异很大的线路客流动态。这种客流动态一般是通向市郊工业区和旅游地点的线路居多。这种线路的车辆有效利用率较双向型线路低。

双向型:指线路两个方向的客流量数值接近的线路客流动态。这种客流动态一般是市区线路居多,这种线路的车辆利用率较高。

研究方向上的客流动态,为确定相应的调度措施,合理地组织车辆运行提供充分的依据。

(3) 断面上的客流动态

城市公交营运线路上每个站点的上、下车人数是不相等的,车辆经过各断面(地段)时的车内人数(通过量)也是不相等的。若将一条线路各断面通过量的数据,按上行或下行各断面的前后次序排列成一行数列,就可显示出这条线路在断面上的客流动态。从这些数量关系中,还可以看出客流在不同时间内,在断面上分布的特点和变化规律。客流在线路各断面上的动态分布呈一定特点,但从整条线路归纳起来,大致可分为:凹型、凸型、平型、斜型和不规则型等几种类型。

总之，分析断面上的客流动态，可为营运线路研究选择调度型式，经济合理地编制行车作业计划提供确切的依据。

2. 客流在时间上的动态规律

时间上的客流动态规律，是指客流随着时间的推移而变化的内在联系和必然趋势。它是由一定时间范围内，客流量数值按时刻先后次序排列成的数列表示。客流在时间上的动态规律，按照不同的时间范围，通常可分为：季节性客流动态，节期性客流动态，星期性客流动态和昼夜性客流动态。

季节性客流动态是反映一年之中客流量逐月逐季变化的情况和规律。

节期性客流动态是反映一年中节假日客流量逐年变化的情况和规律。

星期性客流动态是反映一个星期内客流量逐日变化的情况和规律。

昼夜性客流动态是反映一日之中客流量逐时逐刻变化的情况和规律。

（1）季节性客流动态

一年之中，每个季节或每个月的客流量相同的很少，多是互有差距而不平衡的，有一定的起伏变化，有时相差很大。把这些互不相等的客运量数据按季节次序排成一个数列，该数列就是季节性客流动态（若按月份次序排成数列则就是月序性客流动态）。季节性客流动态是随季节转换的变化而起伏波动的。在一般情况下，我国大部分城市是冬季的客流量比较高，夏季的客流量比较低；岁末年初人们的出行活动增多；农村在夏收、秋收之后，春节前后，农民的出行活动较多。上述这些情况就是由季节性因素而引起的客流动态变化的规律。

（2）节期性客流动态

一年之内有不少固定的节日，这些节日与客流量的变化有着密切的关系。如国庆节、春节、元旦和劳动节等。凡逢这些节日，不仅节日内客流量有很大的起伏变化,而且对节日前后的客流也有着一定的影响,这种节日和节日前后期历年的客流动态数值称为节期性客流动态,它也具有一定的规律性。

节期性客流动态基于不同节日的假期长短和民族的传统习惯的关系,又有各自的变化特点和规律。例如:春节是我国各民族最隆重的传统节日,它假期长(黄金周,农村地区更甚),又时值岁末、年初,所以影响客流的持续时间长(一般高达 $30\sim40d$),而且节日期间的客流动态的变化起伏较大。再如五一节、国庆节,同样实施黄金周休假制度,若逢晴朗气爽的好天气,则外出旅游、购物、走亲访友的客流就会大幅度增加,至于元旦节,因节期短,客流动态变化就较小,仅比周日的客流略高一些。

另外,还有清明节的踏青扫墓客流,中秋节的赏月团聚客流,圣诞节的通宵狂欢客流等,也都有其各自的客流动态特点和规律。

(3) 星期性客流动态

一星期内各天的客流量都会有差异,有时相差很大,虽然客流量各不相同,但仍然存在着一定的变化规律。在正常情况下,每星期内各天的客流量往往发生重复演变的现象,这种按星期次序排列的客流数列,称之为星期性客流动态。

星期性客流动态主要是受生产、工作和休息日的影响而变化的,但这种变化较为稳定,有一定规律性。从客运市场的总体来讲,一般是周一早高峰、周末夜高峰和休假日的客流量较高。

(4) 昼夜性客流动态

城市公交的基本客流主要是工作性客流所构成的。在一天的营运时间内,每个小时的客流动态是不相同的,但在一定范围内,客流动态的变化有着一些共同点或类似点。这些共同点或类似点在营运线路间逐渐形成一定的规律性(即一定的类型)。昼夜性客流动态大致有双峰型、三峰型、平峰型等几种类型。一般通往市郊工业区的线路,受早晚上下班的影响,形成早、晚两个客流高峰,称为双峰型客流动态;市区线路因受三班制的影响,除早晚客流高峰外,还会形成中午和夜间两个小高峰,这种线路的客流动态就称为三峰型(或四峰型)客流动态;双休天和节假日,以生活性客流为主,全日各小时的客流量起伏不大,没有明显的客流高峰,这种客流动态就称为平峰型客流动态(一般郊区线路亦属于平峰型客流动态)。综上,就是城市公交的客流特性及其一般的规律性。但是,客流的本质是波动多变的。随着改革开放政策的不断深化,城市经济建设的不断发展以及城市功能布局的不断调整,市民的出行动态也将会不断地发生变化。因此,以运送乘客为营运生产目的的城市公交企业,要实现企业的经营目标,提高企业的经济效益,就必须经常地搞好客流调查工作,不断地摸清客流变化的情况,掌握客流动态的规律,才能合理地组织线路的运行生产,提高营运服务质量,满足市民的出行乘车需求。

二、客流调查

客流动态随着时间的推移,在线路上、方向上和断面上是不断变化着的。将一定范围内的乘客动态数值(客流量数据)按一定顺序排列起来,就能反映出客流动态的特点和一般规律性。公交企业的经营者必须充分掌握客流动态的特点和变化的规律,才能合理配备运能,充分发挥车辆的营运效率,以适应和满足乘客的乘车需求。在不断提高营运管理水平和营运服务质量的前提下,为出行乘车的市民提供良好的乘行环境。因此,经常地进行客流动态的调查和分析,是城市公交企业的一项十分重要的基础管理工作。

(一) 客流调查概述

客流调查,就是城市公交企业有目的地对客流在线路、方向、时间和断面上的动态分布情况所进行的经常的或定期的、全面的或抽样的各种调查。也就是对市民出行乘车需求情况的分布资料进行搜集、记录、统计、汇总分析的过程。

1. 客流调查的作用

经常性的客流调查,可以了解客流量的波动状况,掌握客流动态在线路不同时间内的周期性变化规律;可以检验行车作业计划和运行调度措施与实际客流动态的偏离程度，并根据客流动态现状及时修改、补充和完善行车作业计划运行及调度措施，从而使其更切合实际，尽可能地满足乘客的乘车需求。

全面性的客流调查，可以了解线路网上客流量的波动状态，掌握客流动态在城市线路网上的演变情况；可以研究线路网的合理布设和调整，以及近期内城市公交的发展规划。

具体来说，客流调查的作用有下列几点：

(1) 修正行车作业计划，改进调度措施，合理组织行车调度工作；

(2) 经济合理地配备运能，使运能与运量保持适度的平衡，提高服务质量和经济效益；

(3) 合理调整和布设线路网（调整走向、开辟新线、增设辅助线等）；

(4) 合理设置和调整停车站点；

(5) 修订营运计划，制订近期规划。

通过经常系统的客流调查和研究分析，全面掌握完整的客流动态资料，才能有效地组织营运生产活动，确保营运服务质量和企业经济效益的提高。因此，归纳起来，客流调查的主要作用就是为城市公交企业的营运管理工作提供可靠而又重要的决策依据。

2. 客流调查方法的选择

客流动态的特点和变化规律需要积累比较长期的资料来进行分析，企业中常用的各种营运生产报表和统计资料也是反映乘客动态周期性升降波动状态的重要资料。但要全面掌握客流动态的演变规律，还是需要取得经常性、全面性的客流调查资料来进行综合分析。因此，城市公交企业应该建立经常性的、全面性的客流调查制度。有时为了某一特定的目的，也可以进行临时性或局部性的调查。总之，必须在明确调查目的前提下，选择最简便有效的客流调查方法，才能取得预期的效果。调查方法的选择应尽可能地做到下列两点要求：

(1) 以最省的劳动和时间消耗，取得足够精确的资料；

(2) 方法要简便,使被调查者能够理解、配合,从而保证调查资料的及时性和可靠性。

(二) 客流调查方法

客流调查可分为年度、季节、节假日和日常客流调查。年度客流调查主要是指全面的随车客流调查,一般每隔若干年进行一次;季节客流调查一般每季度进行一次,至少要在冬夏两季的固定时间各进行一次;节假日客流调查可分为"节前"、"节日"、"节后"进行。节前调查目的是为安排节日行车作业计划提供预测依据,节日调查是反映节日期间的实际情况,为今后节日积累资料,节后调查是反映节日影响的延续程度。日常客流调查是路线客流最基本的工作,是考核和检查行车作业计划是否合理的手段,同时积累资料。但必须注意,调查资料一定要符合定时定点的原则,使资料有可比性,以便于分析和汇总。

客流调查的方法很多,一般按取得客流动态资料的手段(具体做法)来区分,大致可分为目测调查法、问询调查法和填表调查法三大类。

1. 目测调查法

目测调查法是指由调查人员用目直观的方式记录乘客乘车动态(上车、下车、留站待运、车辆载客数以及乘客候车时间等)的一种调查方法。目测调查法又可分为随车观测法和驻站观测法两种形式。

(1) 随车观测法

随车观测法,是指在线路运行的每辆车上(每扇车门)自出场至进场的全日营运时间内指派专职调查人员(在站距长、客流量小、交替少的郊区线路上可由乘务员兼任),记录运行过程中每个站点上下车的乘客数量(包括车站上的留站人数)的一种全面性客流调查方法。

调查的具体做法:观测员随车出场自车辆投入营运起,直至车辆进场。在全日运行过程中,车辆每次停靠车站时,先点下车人数,再点上车人数(车辆拥挤有留站乘客时还须点清站上的留站人数),

然后填写在原始表上相应的站点格子内。原始记录表上应注明路别、车号、方向和发车时间。上下行每一个单程运行车次填写一张原始记录表。每一个单程车次结束，到达终点站时，将记录原始统计表格交线站调度员按时间分组整理汇总。

调查时间的选择：随车观测法的调查时间，可以根据不同的要求和城市特点来选择，为了取得全面资料，可以在同一天的全部时间、全部线路同时进行。为了研究某些线路客流动态特点，可以在不同的日期、不同的时间分别进行。

调查资料的统计分析：随车观测所得的资料必须按线路上下行的不同方向和发出车辆先后时间顺序整理排列，然后按规定的分组时间（一般按半小时或一小时分组）进行统计汇总。按照分组时间内随车观测所取得的资料，经过计算就可得到分站分向的运客人次和断面通过量，然后根据乘客动态指标的涵义，分别计算出反映乘客动态的各种指标数值。如：高断面满载系数、乘客周转量、平均运距、线路平均负荷、乘客密度、交替系数等。经汇总统计后，就可取得客流在线路、时间、方向和断面上的动态分布资料，从而研究分析线路客流的特点和变化规律。

调查的一般作用：全市性的随车观测调查，可以反映在同一时间内，全市公交系统的客流动态和营运动态，这对城市公交企业的近期计划和发展规划是一项十分重要的资料。单线路的随车观测调查，可以了解一条线路的客流动态变化情况，如沿线主要集散点客流量的增减，昼夜时间内各断面客流量的分布等。这为调整线路行车作业计划提供可靠依据。

调查效果和特点：随车观测法，调查资料全面，可以得到客流动态的各项资料数据，准确性高、用途较广。但是，这种调查方法所耗费的人力物力较多，资料整理计算周期较长。因此，这种调查方法一般是 2~3 年进行一次。

（2）驻站观测法

调查方法：驻站观测法是指在规定时间内，在线路重点站或集散量较大的集散点派驻调查人员直接观测并记录上下客人数,通过车辆的载客人数和留站人数的一种局部性的客流调查方法。

调查要求与时间选择:调查的断面和站点的选择,是根据随车观测资料和调查目的确定的。调查人员应熟悉线路营运情况,掌握各种车型的车容量,并能较准确地估算车厢内的载客人数,所测得的资料准确度要求在90%以上。调查日期与具体时间,可根据一般的客流动态规律和调查线路的具体情况决定。时间选择是否恰当,将影响调查的效果。

调查资料的统计分析:

①整理调查资料,是把各站点测得的原始记录,按半小时分组计算上下车人数、通过班次、通过量、车容量、车厢满载系数和留站人数等。

②根据营运服务质量指标要求,检查运行车辆的满载程度、调查点的乘客集结量情况,分析观测时间内的能量适应状况,进而可研究增减运能或改进调度措施的方案。

调查效果和特点:驻站观测法简单易行,所花人力少,资料整理简便,客流动态信息反馈快,是城市公交企业经常采用的行之有效的客流调查方法。这种定时、定期、定点的局部性客流调查方法,可随时了解客流变化和能量适应的情况,能及时地调整计划和措施,确保运能和运量经常的适度平衡。

2. 问询调查法

问询调查法是指在线路各站点上派驻调查人员,通过询问的方式调查每个乘客上下车地点的乘客流向动态的一种调查方法。问询调查法又可分为直接问询法和间接问询法两种。

(1) 直接问询法

直接问询法,是指在调查站点上由调查人员直接通过口问方式并记录每个乘客下车地点的一种调查方法。

(2) 间接问询法(发票问询法)

间接问询法是指在调查站点上由调查人员向每个上车乘客发一

张该站的调查票据，同时收齐每个下车乘客的调查票据的一种调查方法。

问询调查法可以进行全面性的全线调查，也可以进行局部性的抽样调查。这种调查方法简便易行，它可以了解沿线乘客在单位时间内乘坐线路车辆的流量、流向和流程，掌握全线各断面的客流动态分布资料。其调查资料对确定线路行车组织、调整线路走向、改进调度形式都是十分重要的依据。

3. 填表调查法

填表调查法，是指采用填写统计表格的方式对工厂、机关、学校等单位职工（包括学生）或市民的出行动态进行调查的客流调查方法。

填表调查法可分为工厂（机关、学校）调查、文娱体育场馆调查和市民出行调查。

（1）工厂（机关、学校）调查

工厂（机关、学校）调查，是指通过发信、电询或走访等途径对工厂企业、机关、学校等单位职工（包括学生）的乘车动态用表格的形式进行填表统计调查的一种方法。

调查内容：

①在册职工（学生）人数、临时工人数、厂休日期；

②生产制度情况及分班制的各班上下班时间；

③职工中骑自行车的人数；

④职工上下班乘坐公交线路和人数分布情况；

⑤自备职工上下班厂车或租用定班特约车情况。

调查资料的分析运用：

根据调查所得的资料，可以掌握线路的基本客流（工作性客流）的人数和乘车时间，可以研究线路行车计划的调整方案，还可以拟订错时错休和组织客流的措施。因此，工厂机关、学校调查的资料是城市公交企业日常营运生产的重要依据。对工厂（机关、学校）的调查资料要建立和完善系统的台帐，并须定期进行复核，才能经常地掌握沿线工作性客流的动态变化情况,否则资料就失去实用价值。

(2) 文娱体育场馆调查

文娱体育场馆调查的对象是线路(或线网)范围内的电影院、剧场、游乐场、文化宫(馆)、公园和体育场(馆)等文娱体育场所。

调查内容可包括影剧场的最大容纳量、场次、平均上座率和时间;公园和游乐场所的活动安排、节假日游客的预计以及季节变化对客流动态的影响等。通过调查就能够根据客流动态变化的规律,有效地安排运能计划,以满足这些生活性客流的出行需求。

(3) 市民出行调查

市民为了生产或生活的需要,就会发生出行活动,由于出行活动距离远近不同和消费需求不同,大部分市民就需要利用各种交通工具代步,因此,对市民出行代步需求情况的调查是客流调查中一项最根本的调查。

市民出行调查是一种随机抽样的调查方法。它主要是通过表格统计的方式对被调查对象(市民)在出行过程中所发生的各类特征和市民家庭人员的工作、生活及经济收入等各种情况所进行的全面性调查。经过调查资料的汇总分析,就可得到市民出行特征的一系列参数,从市民出行特征变化的规律中,研究探索城市公交客流的演变规律。市民出行活动的一系列参数是客运市场预测必不可少的依据,也是制订城市公交发展规划的重要依据,又是城市公交企业研究线路网布局和改进营运管理方案的决策依据。

三、客流动态指标

客流调查是取得反映乘客动态数据的手段,但客流数据必须经过一定方法的计算和组合,才能取得反映乘客动态各种特征的具体指标。因此,必须在选择有效的调查方法进行客流调查的同时,还应全面了解各项反映乘客动态特征的有关指标的涵义,充分掌握各项乘客动态指标的计算方法。这样,才能更好地运用客流调查取得的数据来分析和认识客流动态的特点和变化规律,并用以指导营运管理工作。

客流动态指标的涵义及其计算方法如下：

(一)客运量计量单位：人次

客运量(A)是指在一定时间内需要乘车的乘客数。客运量，只是表示在一定时间内，市民出行需要乘坐公交车辆的数量大小，客运量是由集结量、运载量、疏散量和待运量四个指标组成。

1. 集结量(A_i)，是指在一定时间内某地段或站点需要乘车的乘客数。

2. 运载量($A_上$)，是指在一定时间内某地段或站点已经上车的乘客数。

3. 疏散量($A_下$)，是指在一定时间内某地段或站点下车的乘客数。

4. 待运量(A_0)，是指在一定时间内某地段或站点未乘上，滞留待运的乘客数。

它们之间的关系及计算方法如下：

$$A=\sum_{i=1}^{n} A_i \quad (1-1)$$

即：客运量等于集结量之总和，

因为：$A_i = A_{上 i} + A_{0i}$ (1-2)

即：某站一定时间内的集结量等于该站的运载量与待运量之和。

所以：

$$A=\sum_{i=1}^{n}(A_上 + A_0)_i \quad (1-3)$$

又：

$$\sum_{i=1}^{n} A_{上 i} = \sum_{i=1}^{n} A_{下 i} \quad (1-4)$$

即：在一定时间内，线路各站点的运载量之总和等于疏散量之总和。

式中：

A —— 客运量（人次）

A_i —— i 站点的集结量（人次）

$A_{上i}$ —— i 站点的运载量（上车人数：人次）

$A_{下i}$ —— i 站点的疏散量（下车人数：人次）

A_{0i} —— i 站点的待运量（留站人数：人次）

n —— 线路站点总数

（二）通过量

通过量（R），是指在一定时间内，车辆经过某地段或站点时车厢内的留车人数，它是城市公交企业反映客流量的一个重要指标。

一定时间内，线路通过量的计算公式是：

$$R=\sum_{i=1}^{n-1}R_i \qquad (2-1)$$

即：一定时间内线路总的通过量等于该线从第一个断面至最末一个断面之间，所有各断面通过量之总和。

一定时间内，线路某断面的通过量的计算方法是：

$$R_i=R_{i-1}-A_{下i}+A_{上i} \qquad (2-2)$$

即：某断面通过量等于它前一个断面的通过量减去本站的下车人数，再加上本站的上车人数。

式中：

R —— 通过量（人次）

R_i —— i 断面通过量（人次）

n —— 线路站点总数

（三）乘客周转量（工作量）

乘客周转量（AL）是指在一定时间内，乘客乘车总里程。也就是在一定时间内，各路段的通过量乘上相应路段长度的乘积之总和。这个指标是个复合性指标，它是由客流量和乘坐距离两个因素组成。它是反映城市公交企业工作量大小的一个重要指标。根据乘客周转量的定义其计算公式如下：

$$AL=\sum_{i=1}^{n-1} R_i \times L_i \quad (3-1)$$

式中：

AL——乘客周转量（人公里）

R_i——i 断面通过量

L_i——i 断面的长度（站距：km）

n——线路站点总数

（四）平均乘距（亦称平均运距）

平均乘距（$\bar{d}$），是指在一定时间内，平均每位乘客一次乘车的乘行距离。计算公式如下：

$$\bar{d}=\frac{AL}{R} \quad (4-1)$$

式中：

$\bar{d}$——平均乘距（km）

AL——乘客周转量（人公里）

R——通过量（即客流量：人次）

（五）线路负荷

线路负荷（A_x），是指在一定时间内，线路单位长度所平均承担的乘客周转量。这个指标可以反映线路的平均工作量程度。

其计算公式如下：

$$A_x=\frac{AL}{L} \quad (5-1)$$

式中：

A_x——线路负荷（人公里／公里）

AL——乘客周转量（人公里）

L——线路长度（km）

（六）乘客密度（亦称营运负荷）

乘客密度（AS），是指在一定时间内，线路营运的单位载客里程所平均承担的乘客周转量。这个指标可以反映线路每单位营业公里所平均运载的乘客人数。其计算公式如下：

$$AS = \frac{AL}{S} \quad (6-1)$$

式中：

AS——乘客密度（人公里/公里）

AL——乘客周转量（人公里）

S——营业公里（km）

（七）满载系数

满载系数(Φ)，是指一定时间内，营运线路车辆运载乘客的满载程度。它是运能与运量比较的相对数。满载系数是反映线路营运服务质量、衡量车辆利用程度的一个重要指标。

断面满载系数($\Phi_{断}$)，是反映一定时间内通过某断面车辆的平均满载程度。其计算公式如下：

$$\Phi_{断 i} = \frac{R_i}{M_{断 i}} \quad (7-1)$$

式中：

$\Phi_{断 i}$——i断面的满载系数

R_i——i断面的通过量（人次）

$M_{客 i}$——i断面的客位通过量（即车容量：客位）

其中通过断面客位通过量（车容量）的计算方法如下：

$$M_{客 i} = M_{额 i} \times N_{行 i} \quad (7-2)$$

式中：

$M_{额 i}$——通过i断面车辆的额定车容量

$N_{行 i}$——定时间内通过i断面的行车量（车次）

若一定时间内通过i断面的车辆中有不同车型，则因额定车容量不同需分别计算再相加。

线路满载系数($\Phi_{线}$)，是反映一定时间内线路上运行车辆的平均满载程度。其计算公式如下：

$$\varPhi_{线} = \frac{AL}{ML} \tag{7-3}$$

式中：

$\varPhi_{线}$——线路满载系数

AL——乘客周转量（人公里）

ML——客位周转量（客位公里）

其中，客位周转量的计算方法如下：

$$ML = M_{额} \cdot S \tag{7-4}$$

式中：

$M_{额}$——额定车容量

S——营业公里

同样，若在一定时间内，线路运行车辆中有不同车型，则应分别计算，即将不同车型的额定车容量与其相应的营业里程相乘后再相加。

（八）交替系数

交替系数（δ），是指在一定时间内线路由起点站至终点站的一个单程行程内平均每个客位被乘客乘用的次数。其计算公式如下：

$$\delta = \frac{L}{\bar{d}} \tag{8-1}$$

式中：

δ——交替系数

L——路线长度（km）

$\bar{d}$——平均乘距（km）

交替系数的大小，反映了线路乘客交替上、下的频繁程度，它与平均乘距成反比。平均乘距越小，则交替系数就越大，反之平均乘距越大，则交替系数就越小。当交替系数（δ）为"1"时，说明线路乘客的平均乘距等于长度（$\bar{d}=L$），即全程没有交替，乘客全部由起点站乘至终点站。

（九）不平衡系数

不平衡系数(η)，是指在一定时间内，乘客动态反映在时间上、断面上或方向上的不平衡程度的相对数。

时间不平衡系数($\eta_{时}$)，是指双向最高小时的通过量与全日双向平均小时通过量之比。其计算公式如下：

$$\eta_{时}=\frac{R_{时高}}{\overline{R}_{时}} \qquad (9-1)$$

式中：

$\eta_{时}$——线路时间不平衡系数

$R_{时高}$——双向最高小时的通过量（人次）

$\overline{R}_{时}$——全日双向平均小时通过量（人次）

断面不平衡系数

断面不平衡系数($\eta_{断}$)，是指在一定时间内单向最高断面的通过量与其单向各断面平均通过量之比，其计算公式如下：

$$\eta_{断}=\frac{R_{断高}}{\overline{R}_{断}} \qquad (9-2)$$

式中：

$\eta_{断}$——线路断面不平衡系数

$R_{断高}$——一定时间内单向最高断面通过量（人次）

$\overline{R}_{断}$——一定时间内单向各断面平均通过量（人次）

方向不平衡系数($\eta_{向}$)，是指在一定时间内，高单向的通过量与其双向的平均通过量之比。其计算公式如下：

$$R_{向}=\frac{R_{向高}}{\overline{R}_{向}} \qquad (9-3)$$

式中：

$\eta_{向}$——线路方向不平衡系数

$R_{向高}$——一定时间内高单向的通过量（人次）

$\overline{R}_{向}$——一定时间内双向平均通过量（人次）

第四节 行车作业计划

一、概述

城市公交企业的营运生产,是运用一定的技术装备和系统的营运管理手段,通过营业运行过程中对活劳动和物化劳动组织实施过程,为社会提供使用价值——乘客在时间和空间上位置的移动。简言之,就是依靠企业运输能力的合理组织,通过营业车辆循规定线路的运行生产活动,为市民出行需求提供良好的乘行条件的客运服务过程。因此,城市公交企业的基本生产作业就是组织运输能力在营运线路上进行运行生产的行车作业。其基本生产作业计划就是线路的行车作业计划。行车作业计划的编制过程,即是城市公交企业的行车作业计划工作,它是城市公交企业进行有效的营运生产活动的基础工作。

行车作业计划(即行车作业组织设计),它是城市公交企业的营运(调度)管理部门,在运行线路组织设计的基础上,遵照国家和企业制订的运行规范标准,根据乘客的出行需求(客流动态数据及其演变特点和规律),具体安排营运线路所配置的营业车辆的全日运转时刻和行车人员的值勤时刻,使之有次序、有节奏地均衡运行的一项营运生产组织的基本生产作业计划。

行车作业计划是城市公交企业营运(调度)管理工作的重要组成部分,也是计划调度的基本内容。城市公交企业的运输能力(运输设备和劳动力),必须通过科学合理的行车作业计划和果断有效的调度手段,才能使之达到为乘客提供安全、准点、迅速、方便、舒适的良好乘车条件的服务效能,同时,也就能使企业取得较好的经济效益。因此,行车作业计划是企业经营目标和计划具体化、现实化的依据,也是能使客运生产有规律、有组织地进行的基础。城市公交企业就是通过每条线路的行车作业计划的实施,使营运车辆有次序、按规定地在城市各条街道上运行,从而把市民区、工业区、商业区、文化娱乐区以及各种交通枢纽有机地联系起来。同时，把不同乘车目的的市民安全、迅速、方便、准点地送到目的地，据此，全面地实现企业的服务方针。因此，科学合理的行车作业计划的全面实施，是市民的生产和生活活动得以正常进行的重要保证。

从城市公交企业内部的营运管理工作来看，行车作业计划又为线路现场的正常运行生产活动和应变调度措施，提供了确切的依据和可行的条件。它是正常行车秩序的基础，也是企业营运计划的具体落实。为此，行车作业计划对外关系社会服务效益—服务水平和质量，对内又联系着企业的经济效益—营运效率和成本，它直接体现着国家对城市公交的方针、政策和要求。因此，行车作业计划的编制，是城市公交企业的一项十分重要的基础管理工作。

二、编制原则和依据

行车作业计划是城市公交企业营运线路的营业车辆从事运行生产的基本组织形式，也是计划调度的基本形式，它直接反映了城市公交企业客运工作的社会服务效益及企业内部的经济效益。编制行车作业计划必须以满足市民的出行需求为主，同时还须体现企业的经营目标和计划。因此，行车作业计划的编制还需要考虑客流动态、车辆使用、劳动组织、工时利用、行车安全和营运效率等诸方面的因素。

城市公交线路的行车作业计划，包含着车辆组织和劳动组织两大部分的内容，同时还关系着很多重要的技术经济指标和标准。因此，编制行车作业计划，必须考虑企业的管理原则，还须掌握一定的资料和足够的依据。

（一）编制行车作业计划的基本原则

1. 要全面掌握客流动态，以最大限度的方便性和最省的时间，安全、准点地将乘客送达目的地。

2. 合理配备车辆，在保证运能与运量相适应的前提下，不断提高车辆利用率，最大限度地满足市民的乘车需求。

3. 行车调度形式的选定，要适应客流的需要，要有利于加快车辆周转，提高营运效率。

4. 从整体上组织一个有计划、有节奏、有效率的均衡运行秩序，为市民提供良好的乘行条件。

5. 在不影响营运服务质量的前提下，安排好行车人员的作业时间，不断提高劳动生产率。

（二）编制行车作业计划的主要依据

编制行车作业计划必须掌握一定的资料和依据，主要有下列几项：

1. 有关客流动态调查分析和预测的客流资料，是编制行车作业计划的主要依据，也是编制的基础；

2. 国家和企业制订的有关运行规范标准；

（1）车厢满载定额标准

车厢满载定额标准是一项反映车辆运载乘客满载程度的服务质量标准。由于客流是随着时间的推移在不断变化的，从早到夜变化幅度很大，若只用一个标准来控制，由此来配备运能是不合理的，因此，在昼夜时间内，随着客流变化的幅度和乘客乘车需求，企业应确定几个标准（一般分为高峰和低谷两个标准），而且每个标准都应确定上限与下限的幅度。

根据车厢满载定额规定的上限和下限，对照现场行车作业计划的实施情况，超限时则按照超限的程度相应地调整（增减）运行班次或车辆数（超过上限时增能，低于下限时减能）。

（2）班次间隔定额标准

班次间隔定额，是保证乘客候车时间的最低服务质量标准，企业根据不同线路规定相应的最大行车间距，是为了保证乘客的最低乘车需求；同时也兼顾企业的经济效益。

（3）停站时间定额标准

停站时间定额，是城市公交企业线路营运工作连续循环的生产特点所决定的，是保证正常行车秩序的运行规范标准。具体的定额标准，各城市可根据具体情况而定。

(4) 车速定额标准

车速定额是在确保安全行车的基础上,不断提高车辆营运效率的运行标准。可由企业营运管理部门会同安全服务和技术部门,根据交通法规的要求,依照线路的具体情况进行测定。

(5) 值勤工时的定额标准

工时定额是反映企业劳动生产率的定额标准。它是城市公交企业在执行国家劳动法规的基础上,根据公交企业生产特点而制订的运行标准。

(6) 备用车辆配备定额标准

备用车辆定额是确保车辆完好、提高车辆利用率、保证线路正常出车的管理标准,标准的定额数可视企业的具体情况而定。

3. 电车线路供电设备的资料和数据;

4. 车辆保养修理制度和情况;

5. 行车人员的值勤制度和生活习惯;

6. 现行行车作业计划的内容和实施情况;

7. 线路营运的具体运行资料和数据;

(1) 线路长度

(2) 进出场的路线长度

(3) 头末班车时间

(4) 配备车辆的车型

(5) 调度形式的选定

8. 企业具备的最大的营业运输车能力(车辆和劳动力)。

三、行车作业计划

(一) 分类

根据行车作业组织的基本特征,行车作业计划可分为下列几种:

1. 按照时间上的客流动态区分:

(1) 夏令行车作业计划;

(2) 冬令行车作业计划;

(3) 平日行车作业计划;
(4) 周日行车作业计划;
(5) 节日行车作业计划。

2. 参照平面上客流动态区分:
(1) 市区线路行车作业计划;
(2) 市郊线路行车作业计划;
(3) 郊区线路行车作业计划。

3. 依照线路营业服务时间区分:
(1) 全日线行车作业计划;
(2) 高峰线行车作业计划;
(3) 夜宵线行车作业计划。

4. 根据线路运行的车种区分:
(1) 汽车线路行车作业计划;
(2) 电车线路行车作业计划;
(3) 有轨电车路线行车作业计划。

5. 按照行车人员的值勤制度区分:
(1) 连班制行车作业计划;
(2) 分班制行车作业计划。

(二) 行车作业计划的主要参数

1. 行车频率 (γ)

行车频率,是指单位时间内通过某段(断面)的车次数(每分钟的行车频率,也称为最小行车量,即 $M_{小}$)。

$$\gamma = \frac{R_{高}}{M_{额} \times \Phi_{上}} \tag{2-1}$$

式中:γ ——行车频率

$R_{高}$ ——单位时间高断面的通过量

$M_{额}$ ——额定车容量

$\Phi_{上}$ ——满载定额的上限标准

编制行车作业计划时需要运用"最小行车量"($M_{小}$)这个参数,

则可将 $R_{高}$ 除以单位时间分钟数，化为每分钟的通过量，就能得到 $M_{小}$ 的数据。另外，从最大行车间隔规定来计算最小行车量则得到：

$$M_{小} = \frac{1}{t_{间大}} (车次/分) \tag{2-2}$$

式中：

$t_{间大}$（分）——指最大行车间隔（即班次间隔定额标准）

用上述两项公式计算出的两个数值并不一定相等，在不相等的情况下，则应取大的数值作为最小行车量。因此最小行车量是指线路必须保持的最低限度的运送能力，否则就会影响服务质量。

2. 额定车容量（$M_{额}$）

额定车容量是指营运车辆的最大客位（定员）总数。最大客位（定员）数的计算，是根据车辆设置的固定座位数（不包括驾驶员乘务员的座位）和有效站立面积可站立的人数来确定的。按现行的国家规定，公交车辆的有效站立面积站立人数的标准为 8 人/m^2，则额定车容量的计算公式如下：

额定车容量（$M_{额}$）＝座位数＋有效站立面积 ×8

3. 行车速度（V）

城市公交企业，车辆在运行生产过程中的营运时间，主要由三个方面因素组成：①驾驶员实际技术操作的纯行驶时间（$t_{纯}$），②车辆运行途中停站上下客的时间（$t_{中}$），③车辆到达起讫站的停站时间（$t_{停}$），不同时间因素的组成就构成车辆运行过程的不同时间概念，即：

$t_{纯}$——运行过程中实际技术操作时间

$t_{送}$——运行过程中运送乘客的时间 ＝（$t_{纯}$＋$t_{中}$）

$t_{营}$——运行过程中营业运输的时间 ＝（$t_{纯}$＋$t_{中}$＋$t_{停}$）

$$V = S/t$$

式中：S（距离）在城市公交营运生产过程中就是营业里程或路线长度。对一条线路来说，路线长度就是一个常数，所以与三者不同的时间概念之比，就构成了城市公交企业营运生产过程中，行车速度的三项技术经济指标：

（1）平均技术速度（$V_{技}$）

指营业车辆在线路上运行过程中，实际技术操作的纯行驶速度，它是路线长度与实际技术操作时间之比。

$$V_{技} = \frac{S(\text{线路长度})}{t_{纯}(\text{纯行驶时间})} \times 60 \ (\text{km/h})$$

（2）运送速度（$V_{送}$）

指营业车辆在线路运行过程中，运送乘客时由起点站至终点站的行驶速度，它是路线长度与运送时间之比。

$$V_{送} = \frac{S(\text{线路长度})}{t_{送}(\text{运送时间})} \times 60 \ (\text{km/h})$$

（3）营运速度（$V_{营}$）

指营业车辆在线路营业运输过程中所反映的行车速度。它是路线长度与营运时间之比。

$$V_{营} = \frac{S(\text{线路长度})}{t_{营}(\text{营运时间})} \times 60 \ (\text{km/h})$$

上述公式所表示的都是车辆在一个单程运行过程中的行车速度。若已知的各种时间因素，反映是一个周转内的，则距离数应是 $2S$（路线长度×2），所得到的速度数值则表示一个周转内的平均值。若已知的各种时间因素，反映是全日的，则距离数应为全日的营业里程数，所得到的速度数值则表示行车作业计划的全日平均值。

4. 周转时间（$t_{周}$）

指营业车辆在规定线路上运行一个往返行程所需时间。

周转时间 = 上行营运时间 + 下行营运时间　即：

$$t_{周} = t_{上营} + t_{下营} = \frac{s_{上}}{V_{营}} + \frac{s_{下}}{V_{营}} = \frac{s_{上} + s_{下}}{V_{营}}$$

若上行和下行的路线长度相同，即 $s_{上} = s_{下}$，则

$$t_{周} = \frac{2S}{V_{营}}$$

在实际营运过程中，客流动态和道路状况都是随着时间推移在不断变化的。因此，车辆运行的行驶时间和行车速度都会随着变化。为此，我们在编制行车作业计划时应按不同的时间段（时间分段）与具体情况来确定相应的周转时间（见表4—3—1）。

表4—3—1

时间分段	项目 $V_{送}$ km/h	甲→乙 上行9.5km			乙→甲 下行8.5km		
		$t_{送}$	$t_{停}$	$t_{营}$	$t_{送}$	$t_{停}$	$t_{营}$
5:30～6:30	17	34	5	39	30	5	35
6:31～8:30	16	36	3	39	32	3	35
8:31～15:30	15	38	6	44	34	5	39
15:31～18:30	15	38	4	42	34	4	38
18:31～20:00	16	36	5	41	32	5	37
20:01～23:00	17	34	5	39	30	5	35

5. 配车数

"配车数"有两个含义，一般所称的配车数，是指路线的最高出车数。在编制行车作业计划时的配车数的概念，是指在连续一个往返行程的周转时间内所需的行驶车次数。在这里称为周转量（$N_{周}$）。

配车数的计算公式有：

$$配车数 = \frac{R_{高}}{M_{额} \times \Phi_{标}} \times t_{周} (辆)$$

配车数 $= r \cdot t_{周}$（辆）（计算周转量的一般公式）

$$配车数 = \frac{t_{周}}{\bar{t}_{间}} (辆)$$

公式中：$R_{高}$——单位时间高断面通过量（人次）

$M_{额}$——额定车容量（客位）

$t_{周}$——周转时间（小时或分）

r——行车频率

$\bar{t}_{间}$——平均行车间距

$\Phi_{标}$——满载定额标准

6. 行车间距($t_{间}$)

指前后车辆在运行过程中,经过某一站点时的时间间隔,或是指在起点站前后车辆的发车间隔。通常表示某一周转时间内的平均间距,是行车时刻表的基本内容之一。线路配置的车辆,只有化成行车间距后,才能通过行车时刻表来表达整个路线的行车组织状况。行车间距的合理与否充分体现着路线的运送能力和服务水平。

$$t_{间}=\frac{t_{周}}{N_{周}}$$

式中:

$t_{周}$——周转时间

$N_{周}$——周转量

这是编制行车作业计划过程中常用的公式运用。此公式计算所得的数值,表示行车间距的平均值。由于($t_{间}$)数值与($N_{周}$)数值一般都很少成正倍数,故经常会产生小数位,但在实际应用时,行车间距一般是以整数表示的。因此,在一个周转时间内,行车间距不一定是全部相等的,这里就产生一个如何合理安排行车间距的问题。而正常合理的行车间距,是车辆有计划、有节奏均衡运行的基础。

合理安排行车间距有两个原则:

(1) 行车间距安排要均匀,在一个周转时间内距差应以一分钟为佳,个别情况(早上出车时间,晚上收车时间)距差一般也应尽量控制在两分钟范围内。

(2) 所有行车间距个别值的总和必须等于周转时间。

下例介绍一种常用的计算、分配、安排行车间距的简便方法——表达式。表达式如下:

$$N_{周}\left\{\begin{array}{l}N_{周1}\times t_{间1}\\ N_{周1}\times t_{间1}\\ \cdots\cdots\\ N_{周n}\times t_{间n}\end{array}\right\}t_{周}$$

上述表达式内的"{"和"}"符号代表"="的意思,用等式来表示,上述表达式是以下两项等式的综合形式:

$$N_{周}=\sum_{i=1}^{n}N_{周i}$$

$$t_{周}=\sum_{i=1}^{n}N_{周i}\times t_{周i}$$

式中:

$N_{周i}$——某种行车间距的周转量

$t_{周i}$——某种行车间距的数值

n——行车间距的种数(正常情况下,一般 n 就是2)

四、调度形式的选用

行车调度形式的选用是根据客流动态在线路营运的时间上、方向上、断面上及站点上的不平衡状况的具体资料来确定的,它是行车作业计划的前提。行车调度形式,按照车辆运行的不同方式,一般有下列几种类型:

1. 从时间上客流动态区分:正班式与加班式;
2. 从方向上客流动态区分:双向式与单向式;
3. 从断面上客流动态区分:全程式与区间式;
4. 从站点上客流动态区分:全站式与大站式;
5. 从线路上客流动态区分:本线式与跨线式。

调度形式的选用,必须适应客流的需要,要有利于提高营运效率。因此,正确选用调度形式,就必须要对线路的客流动态资料,进行全面的分解研究,这是一项比较复杂的工作,在这里只介绍几种比较简便直观的论定方法。

1. 加班式的确定(适用于时间上不平衡的客流动态)

在昼夜性客流动态变化不大的路线上,车辆的运行方式可采用正班式。当昼夜性客流动态变化幅度较大,需要增加高峰时间的运能以满足乘客需求时,就会产生加班式的调度形式。目前,上海公交线路大部分都是采用正班式与加班式相结合的调度形式,只有部分郊区和远郊区线路才采用正班式运行方式。

加班式运行方式的确定比较简单，只要按各分组时间的客流动态资料（高断面通过量）结合不同的定额标准计算出各个周转时间的周转量（或称不同时区的配车数）相比较，若：高峰时间的配车数（周转量）大于低谷时间的配车数（周转量），则这条线路就应采取加班式的运行方式，否则就应采用全日正班式的运行方式。

2. 单向式的确定（适用于方向上不平衡的客流动态）

一般线路，来回两个行向的客流量基本上是比较接近的，因此一般线路的行车方式都属双向式。当两个行向的客流量差距很大时（一般在高峰时间，工业区线路或者是旅游线路会发生这种情况），为了提高营运效率，加快车辆周转，挖掘运能潜力，才会产生单向式的行车方式。

一般方法是按两个行向的客流量分别依不同的满载定额标准计算两个行向的行车量：

$$高单向行车量（M_{高}）=\frac{高单向高断面的通过量}{额定车容量 \times 满载上限标准（1.0）}$$

$$低单向行车量（M_{低}）=\frac{低单向高断面的通过量}{额定车容量 \times 满载下限标准（0.8）}$$

如果高单向行车量小于等于低单向行车量，则全部车辆需按双向式运行，当高单向行车量大于低单向行车量时，就可以考虑部分车辆采用单向式运行。

3. 区间式的确定（适用于断面上不平衡的客流动态）

在线路正常运行时，所有车辆都在起讫站两端来回运行，这时，整条线路各断面通过的行车量都相同的(这就是全程式的运行方式)。但有时随着客流的异常变化，往往在线路某些区段断面上的客流量特别高，造成全线客流在断面上的分布很不均匀，以致形成全程均等的行车量无法解决高断面上的客流，因此，促使部分车辆仅在客流集中的路段上行驶. 以增加高断面上的行车量，从而就形成了区间式的运行方式。

一般的方法是：先根据客流资料分析，结合现场道路状况（区间调头回车条件）划定区间运行区域，然后，在区间范围外的其他断面中再确定一个次高断面，这些客流就由全程车解决。如此，分别按不同的满载定额标准，计算出区间式的全程车的配车数和全程式的全程车的配车数，若区间型式的全程式配车数大于等于全程式的全程车配车数，则线路应采取全程式运行方式。若区间式的全程车配车数小于全程式的全程车配车数，则线路可采取区间式运行方式。

五、编制行车作业计划的程序

（一）根据昼夜各分组时间的客流资料（高断面通过量）按照企业制订的满载定额标准（上限）及所配置车型的额定车容量，计算出各分组时间的行车频率（即最小行车量：车次／分），这就是行车作业计划车次产生的基点。

$$r(或 M_{小}) = \frac{R_{高}}{m_{额} \times \Phi_{上}} \quad (或 M_{小} = \frac{1}{t_{间大}})$$

例：某线运量观测资料反映，该线 7：00～7：30 高断面的通过量为 2190 人次，若该线配备 661P 型车，则计算出 7：00～7：30 的最小行车量为：

$$(7：00～7：30) M_{小} = \frac{2190 \times 1/30}{134 \times 1.0} = 0.54（车次／分）$$

线路上的客流量，上行方向与下行方向，往往并不完全相等，有时两者相差还很大，这就要求将两个方向的不同客流资料分别进行计算，从而使运能的安排（车次的多少）满足乘客需求（若一端起讫站进出场的路线，则可按高单向高断面的客流资料计算）。

（二）根据线路的具体情况，确定线路昼夜各分段时间的运送车速，然后计算昼夜各分段时间的单程运送时间、停站时间和营运时间。车速的确定是一项比较复杂的工作，一般在新辟线路时可采用近拟比较法进行估算，待辟线营运后再进行全面测定调整。

（三）线路头末班时间确定后，按照昼夜各分段时间的营运时间，自头班车起循序划定全日的周转时间标线。

设某线乙站头班车 4:15，末班车 23:30；甲站头班车 4:35，末班车 23:50。

如此，可任选一个起讫站为准，就可顺序划出该线全日的周转时间（标线）。

（四）计算和平衡各周转时间的周转量（$N_周$）——即车次的产生和分配。

1. 周转时间的确定

某一时刻某站的周转时间，即是同一起讫站（甲或乙）本站的后一个运转时刻（发车时刻）减去前一个运转时刻的时差（分）。

周转时间也可用一个周转内的上行营运时间与下行营运时间之和来计算，即：

$$周转时间 = t_{上营} + t_{下营} = t_{下营} + t_{上营}$$

2. 周转量的计算

周转时间划定后，就可以结合第一步程序中计算得到的全日各分组时间行车频率（每分钟频率——最小行车量）来计算各周转时间的周转量（车次的产生），周转量是周转时间与相应时间内的最小行车量之乘积，即：

$$N_周 = t_周 \times M_小$$

式中：

$N_周$——周转量

$t_周$——周转时间

$M_小$——最小行车量（分频率车次／分）

但是，实际上在某一周转时间内的时间区域，往往与客流数据在时间上的划分区域是不相同的，有时一个周转时间范围内，可能包含着两个或三个时间分组的时域，而不同时间分组内由客流资料计算所得的最小行车量数值是不大可能相等的。因此，就需要按不同的时间分组范围与其相应的最小行车量数值分别进行计算，然后再合并在同一周转时间内，就构成该周转时间内的周转量，其计算

公式是:

$$N_{周} = \sum_{i=1}^{n} t_{周 i} \times M_{小 i}$$

式中:

$t_{周 i}$——同一周转时间内某时间分组段的分数(分)

$M_{小 i}$——同一周转时间内某时间分组段相应的最小行车量(车次/分)

n——同一周转时间内相应时间分组段的段数

3．周转量的修匀(行驶车次的调整)

直接由客流资料计算而得到的周转量数值,由于受到客流数据和服务标准的影响,不论从昼夜各分组时间或行向方面来看,一般都会存在着忽高忽低的现象,若按这一原始的周转量数值是很难组织线路运行生产的。因此,必须对这些原始的周转量数值进行加工修匀,使其符合行驶车辆的使用规律和运行生产的要求。

(1) 周转量修匀的基本要求

计算所得的周转量数值,是表示一条线路必须保证的最低限度的运送能力,受不得一点波动和冲击,而实际上客流是多变不平衡的,运行环境是复杂多变的。因此,为了保证最低限度的运送能力,确保营运服务质量,在修匀调整时,在计算数值的基础上只能增加,不能减少。例如,在周转量计算数值取整时,就要求小数值见"1"进位。

一端进出场线路,要求对方起讫站的周转量与本站的周转量保持相等,一般以取大的数值为准。两端进出场的线路则要注意前后相连的上下行向周转量的相互关系,使其能符合车辆加入和退出线路的实际情况。

修匀时,要使周转量数值保持一定的延续性,延续的程度以行车人员值勤半班时间(或车次)为基数。

周转量的修匀,最终要使各周转时间内周转量波动的数值能符合行驶车辆工作形式的要求。

(2) 周转量修匀后的审定

周转量经过修匀后,就能基本反映整条线路营运所需要的行驶车辆和行车人员数。但这些数值又必须与企业规定的有关营运标准值(值勤人员工时定额标准)和企业的运输能力(车辆及劳动力)相符,如有不符,则须再作一次特殊修匀,以求一致。

计划配档劳动力的框算

劳动力的框算有两种方法:

① 计划劳动力档数 = $\dfrac{\text{五个时区的配车数之和}}{2}$

按半档劳动力的值勤时间标准(四小时)为基数,可将线路全日营业服务时间分为若干时间区域(时区),上海市公交客运企业的线路一般划分为六个时区(见表4-5-1):

表 4-5-1

营业时间	4-8	8-12	12-16	16-20	20-24	0-24
时区代号	一	二	三	四	五	六
俗称	早高峰	低谷	中高峰	夜高峰	小夜	夜宵

各周转时间内的周转量数值分布在各个时区内,而每个时区内总有一代表时区特征的周转量,这个周转量就是该时区的配车数。

第一时区——是指该时区内各周转时间的周转量中的最大值;

第二时区——第一时区配车数减去加车进车数(一般指正班车的数量);

第三时区——第二时区配车数加上中午加车出车数;

第四时区——是指该时区内各周转时间的周转量中的最大值;

第五时区——四时区配车数减去四时区加车进车数再减去两档劳动力配备的正班车数。

② 计划劳动力档数 = $\dfrac{\text{全日各周转时间周转量之总和}}{\text{每档劳动力平均应行驶的总次数}}$

式中:

$$\text{每档劳动力平均应行驶的总次数} = \frac{\text{工时定额标准值} - \text{非营运工时}}{\text{平均单程营运时间}}$$

两种方法框算的计划劳动力的档数应相等,若不相等必须作调整,原则上以第一种方法框算的计划劳动力档数为标准来进行调整。调整方法如下:

计划劳动力档数:每档劳动力平均行驶车次数 = 全日行驶车次总和。

若全日行驶车次总和大于全日各周转时间周转量总和,则应适当增加部分周转时间内周转量数值,使两者相等或接近。若全日行驶车次总和小于全日各周转时间周转量总和,则应适当减少部分周转时间内周转量数值,或增加劳动力档数,使两者相等或接近。

(五)车式和班式的安排

1. 行驶车辆的工作形式——车式

车辆连续运行所跨越时间区域的状态称为行驶车辆工作形式,简称车式。每辆行驶车辆,都按自己一定的车式去完成运送任务。使路线上各种车式的行驶车辆能相互联系地有节奏地组织起来是行车作业计划工作的基本要求之一。

(1)车式的种类

按设计工作实际需要车式有两种分类方法:一种是根据劳动力不同配备,车式分为半班车式(B0.5)、一班车式(B1)、一班半车式(B1.5)、两班车式(B2)、两班半车式(B2.5)和三班车式(B3)等六种。

每班劳动力包括驾驶员和乘务员两种人员,由于车辆的车型不同,驾驶员与乘务员的搭配比例不尽相同,有的驾驶员与乘务员各一,有的一个驾驶员与两个乘务员搭配,实行无人售票的线路则仅有驾驶员。

在编制行车作业计划过程中,为了计算和安排上方便,是以班作为劳动力计量单位。在计算实际劳动力时,仍须按车辆车型的搭配比例,分别换算驾驶员和乘务员的实际人数。

另一种是根据车辆跨越不同时区的形式,车式可分为 21 种,这是从理论上计算，因为一昼夜分为六个时区，行驶车辆从某个时区开始行驶至某个时区行驶结束，其中共有21种形式，但有实用意义的约为14种，经常应用的仅有7~10种。

现把经常应用的车式，分列于后：

一一式：车辆在第一时区开始行驶和结束，称为一一式，代号B1.1。

一二式：车辆在第一时区开始行驶至第二时区结束，称为一二式，代号B1.2。

一四式：车辆在第一时区开始行驶至第四时区结束，称为一四式，代号B1.4。

一五式：车辆在第一时区开始行驶至第五时区结束，称为一五式，代号B1.5。

二四式：车辆在第二时区开始行驶至第四时区结束，称为二四式，代号B2.4。

二五式：车辆在第二时区开始行驶至第五时区结束，称为二五式，代号B2.5。

三四式：车辆在第三时区开始行驶至第四时区结束，称为三四式，代号B3.4。

三五式：车辆在第三时区开始行驶至第五时区结束，称为三五式，代号B3.5。

四四式：车辆在第四时区开始行驶和结束，称为四四式，代号B4.4。

四五式：车辆在第四时区开始行驶至第五时区结束，称为四五式，代号B4.5。

(2) 车式的计算方法

当路线上各时区的行驶车辆数确定后（不论运行形式如何）就可按一定的计算方式，算出车式的品种及其数量。计算方式共有两种，一是表上作业法，二是图上作业法。

以上介绍十种常用车式，还有五种实用车式没有提及，其中

B1.3 和 B2 两种车式纯属郊区路线的车式。由于郊区线营业时间较短，行驶车辆较少，运行形式比较单纯，一般只要用表上作业法就可求得该两种车式。其余 B3、B4.6、B5.6 三种车式为通宵路线所有。以一条路线来说，通宵车辆数量很少，值勤人员和车辆都是固定的，不进行轮值，因此在组织行车时往往把通宵车辆与其他车辆分开，另行安排，以减少设计过程的复杂性。

①表上作业法

在设计实践中，一般都用表上作业法来解决车式数量问题，表上作业法比较直观，简明易懂，调整数值方便，颇受设计人员欢迎。

表上作业的一般做法：把各时间的配车数按时区的次序列于表格上方，然后根据各时区配车数大小的次序采用递减原则，求取车式品种，列于表格左方，其数值按车式所占时区位置，填于表格中相应的空格内。当各时区和配车数递减完毕，表格内连续相同的数值即为相应车式的数量。

在空格内填数值时要注意两点：第一，在表格的同一横行内，数字所占表格纵列的位置，即表示车式品种，所以在填写时，要利用表格的纵列，显示出车式的跨越时区。第二，各车式（在表格横行）在各时区（在表格纵列）内数值之和必须等于各时区的配车数。

表上作业法根据所求取的车式品种不同，可分为三种作业法，即长短法、近易法和配方法。

长短法：在行车作业计划方案中如果需要有尽可能多的长车式（工作时间长）或短车式（工作时间短）可以采用这种方法求取车式数量。

近易法：在行车作业计划方案中，如果需要所有车式的长短相差尽可能少，采用近易法求取车式数量。

配方法：有时为了满足某种特殊要求，在行车组织内须配制一定数量的指定车式，可以采用配方法去求取所需要的车式数量。

②图上作业法

计算各种车式数量,也可用图上作业来解决,图上作业很形象,有实感,便于数值调整,不易发生计算上错误,但配车数不宜太大,否则线条增多,也易弄错。所以,图上作业法一般都用于配车数比较少的行车作业计划中。

(3) 车式的规格

各种车式的工作时间,随着运行方式的不同有长有短。反映车式工作时间的长短,称为车式的规格,通常用行驶车次或行驶车时来表示车式规格的尺寸。

用行驶车次作为规格尺寸,有利于简化行车作业计划过程,但对有多种运行形式的路线,由于运转时间相差较大,会给设计安排带来困难,如改用行驶车时作为规格尺寸,就能避免上述缺点。因此,对正常规格多数采用行驶车次作为量标,对非正常规格大都采用行驶车时作为量标。

车式规格根据应用目的的不同,可分为两种:一种是标准规格,另一种是实用规格,实用规格又可分常用规格、辅用规格和特定规格三种。

①标准规格

按车式的劳动配备。用平均有效工时来表达的规格,称为标准规格。半班劳动力的值勤车时,是确定标准规格的基础,故特称为规格基数。

②常用规格

一般路线普通使用的规格,称为常用规格。常用规格实际上是不超过标准规格的最大规格。用行驶车次表示的规格。

有的路线各时区的运转时间并不完全相同,这时计算常用规格,需按车式所占时区的相应运转时间进行计算。在确定以行驶车次表示的各种规格时,要注意两点:第一点,通过计算而得的数值,如果有小数,一律舍去,取其整数,为规格尺寸;第二点,如果车辆的空驶形式是一端式,其规格应取不大于标准规格的偶数(双数)值。

③辅用规格

辅用规格，是常用规格的补充，如果一条路线的车式都使用常用规格后，其车式的总工时或总车次不能与整条路线的总工时或总车次相符或相近时，这时须要考虑用比常用规格大些或小些的辅用规格。有时，为了配合特定规格的需要，也会安排一些辅用规格相搭配。辅用规格不能太大，也不能太小，否则会使行车人员值勤时间的安排产生困难。一般在单程营运时间比较长的路线，辅用规格比常用规格多1～2车次（称为最大规格）或少1～2车次（称为最小规格）。在单程时间比较短的路线，辅用规格比常用规格多1～4车次或少1～4车次。

④特定规格

当一辆车从加入路线行驶至退出路线停驶之间，要行驶多种运行形式时，用一般的规格不能表示它的尺寸，须要考虑特定规格。就是说根据该车辆复杂多变的实际行驶情况作出特有的规格，这种规格只适合本车式专用，与其他车式不能通用。

各条路线由于运行方式的不同，其特定规格也各种各样，不尽相同，不过有一点是一致的，特定规格的运转车时很少超过标准规格的运转车时。

2．行车人员值班形式

每个作业班行车人员值勤时间所占时间区域的位置，称为行车人员值班形式，简称班式。每班行车人员都有自己一定的班式，把路线上各种班式相互配合、相互协调地组织在一起，共同完成车辆运行任务是行车作业计划的基本内容之一。

(1) 班式的种类

班式按行车作业计划工作的实际需要，有两类分法。

第一类是按行车人员交接班方式的不同，分为路线交接式、处交接式和处线交接式三种。在路线上进行交接的班式称为路线交接式；在停车处（场、站、库）进行交接的班式称为停处交接式；接班在停车处、交班在路线上或是接班在路线上、交班在停驶处的班式称为处线交接式。

第二类按行车人员值勤所占时区的形式,班式可分为15种。从理论上计算,昼夜分为六个时区,每个时区作为半班,三个时区中,有任两个时区可相互搭成全班。共有15种班式,但实际上能应用的有10种,经常使用的仅9种。

现把经常使用的班式,分列于后:

一二式:行车人员上半班在第一时区,下半班在第二时区,称为一二式,代号E1.2。

一三式:行车人员上半班在第一时区,下半班在第三时区,称为一三式,代号E1.3。

一四式:行车人员上半班在第一时区,下半班在第四时区,称为一四式,代号E1.4。

二三式:行车人员上半班在第二时区,下半班在第三时区,称为二三式,代号E2.3。

二四式:行车人员上半班在第二时区,下半班在第四时区,称为二四式,代号E2.4。

二五式:行车人员上半班在第二时区,下半班在第五时区,称为二五式,代号E2.5。

三四式:行车人员上半班在第三时区,下半班在第四时区,称为三四式,代号E3.4。

三五式:行车人员上半班在第三时区,下半班在第五时区,称为三五式,代号E3.5。

四五式:行车人员上半班在第四时区,下半班在第五时区,称为四五式,代号E4.5。

(2) 班式的计算方法

班式的计算方法与车式的计算方法相类似。当路线上各时区的行驶车辆数确定后,即可按一定的方法算出班式的品种及其数量。目前计算方法主要有两种:公式运算法和表上作业法。

以上介绍了九种常用班式的计算方法,还有一种实用班式E5.6

没有提到,此班式是属通宵路线的班式,与车式设计一样,在组织行车时,往往把通宵班式与一般班式分开进行安排以免增加设计工作的复杂性。

表上作业法

在设计实践中,通常都用表上作业法来解决班式的品种和数量。表上作业法的计算过程具体而实感,数值调整灵活而方便,一般设计人员乐于采用这种方法。

表上作业法的一般做法:把各时区的配车数,依时区次序列于表格上方,然后第一步用递减原则,先确定第一时区与第二时区(是指连班制而言)或第一时区与第三时区(是指分班制而言)的两种班式,并填于相应的空格内。第二步把剩余下来的三个时区的配车数,利用二余公式原则再计算其他班式,并填于相应的空格内,空格内的数值即是相应班式的数量。

在空格内填写数值要注意两点:

在表格的同一横行内数字所占表格纵列的位置(时区)即表示班式,一个纵列(时区)代表一个半班,全班式数值必须填在相应的两个时区空格内,多一列或少一列都会产生半班形式,不符合全班式的定义。

各班式数值在各时区内的总和必须等于各时区的配车数,不能多也不能少,否则会影响劳动力的平衡。

(3)班式与车式的结合

在行车作业计划中,质量比较高的行车作业计划能充分体现出车辆组织和劳动组织互相间的密切配合和协调。所以,除了单独研究车式或班式的组织安排外,还需进一步注意车式和班式的妥善结合问题。

车式和班式结合的具体含意就是每个车式内应包含着哪些班式。由于车式和班式各有不少品种,因而二者结合的形式——车班式的品种也就比较多。从理论上计算车班式共有六、七十种之多,有实用意义的大约有 30 种左右,经常使用只有二十几种,内容很繁杂。

现将经常应用的车班式品种及其内容列举于后：

(a) 连班制

① B15 (34) = (E12, E34, E05)
② B15 (35) = (E12, E35, E04)
③ B15 (30) = (E12, B30, B45)
④ B25 (45) = (E23, B45)
⑤ B25 (04) = (E23, E04, E05)
⑥ B35 (34) = (E34, E05)
⑦ B35 (45) = (E30, E45)
⑧ B45 (45) = (E45)
⑨ B14 (30) = (E12, E30, B04)
⑩ B14 (34) = (E12, E34)
B11 B24 (23) = (E23, E04)
B12 B24 (34) = (E20, E34)
B13 B34 (34) = (E34)

(b) 分班制

① B15 (24) = (E13, E24, E05)
② B15 (25) = (E13, E25, E04)
③ B25 (35) = (E24, E35)
④ B35 (35) = (E35, E04)
⑤ B45 (40) = (E40, E05)
⑥ B14 (24) = (E13, E24)
⑦ B24 (24) = (E24, E03)
⑧ B34 (04) = (E30, E04)
⑨ B11 (11) = (E11)
⑩ B4 (44) = (E44)

为了简化设计程序和方法，通常都应用表上作业法来计算车班式的品种和数量。

表上作业法的基本原理是：采用递减原则，把各班式的数量分配到相应的车式内,使各班式的分配数可能与各车式的数量取得吻合和平衡,这时在各车式内包含的班式品种和数量,即成为车班式的品种及其数量。

在进行表上作业法的过程中,假如车式和班式的结合确实存在着困难(如结合后影响原来班式结构等),这时可以应用以前介绍过的方法,再次调整车式和班式的品种和数量,以适应两者结合的需要。

(六)计算和安排各周转时间内的行车间隔

这一步程序也可在具体编排行车时刻表的过程中分别顺序计算安排,其基本要求和方法按前所述。

(七)具体编排

行车作业计划的具体编排工作主要有三个方面内容:

1. 行车时刻表的编排
2. 值勤时刻表的划定
3. 运行计划指标的结算

这三个方面的内容较多,且又各自独立,是行车作业计划的重点,因此,予以专门分节阐述。

六、行车时刻表的编制

行车时刻表是表达行车组织具体内容的一种方式,通过具体的行车时刻,能明确每辆车运行的预期状况,同时为行车现场的调度工作提供确切的依据和可行的条件。线路行车人员遵照行车时刻的规定正常运行,就能顺利地有节奏地完成客运任务。

行车时刻表一般包含以下几项内容:(1)车序号(路牌);(2)进出场例保工作时刻;(3)出车时刻;(4)运转时刻;(5)进车时刻;(6)停车时刻;(7)与各种时刻所对应的发生地点和方向等。

(一)编制方法分类

行车时刻表的编制方法有两种表示形式:一是线图式,另一是表格式。

1. 线图式行车时刻表和车辆运行图

以线图形式来表示车辆行车时刻的称为线图式行车时刻表,这个标着昼夜时刻的线图通称为车辆运行图。

车辆运行图形象而又直感地表达车辆在路线运行的全日时刻,用线条铺划代替计算,工作较为简便。缺点是精确性较差,特别是行驶车辆多、行车间距小的线路,折线的铺划有困难,且误差较大,有时很难看出准确的运行时刻。所以,车辆运行图一般适用于郊区路线。

2. 表格式行车时刻表

以表格形式来编制线路车辆运行时刻的称为表格式行车时刻表,表格格子内的钟点数值(时,分)表示车辆运行的时刻,表格式行车时刻表的编制,就是具体计算安排线路营运车辆全日的运转时刻。

表格式行车时刻表,能精确而且具体地标明线路车辆全日的运行时刻和相对称的地点,能清晰地反映整个线路所有车辆在昼夜时间内的运行全貌,它是运行调度管理必备的资料之一。本节重点介绍表格式行车时刻表的编制方法。

(二)必须遵循的四个原则

1. 行车间距要均匀

行车间距均匀的基本要求,就是在一般情况下,在同一周转时间内,距差小于等于1。在相邻两个周转时间内距差变化的走势要平滑,不能大起大落(一般指早夜和高峰前后的时间段内)。

2. 行驶时间要合理

为了确保线路的正常运行秩序,在安排车辆运行时刻时,总是保证车辆在始末站有一定的停站时间(即 $t_{营} = t_{送} + t_{停}$),而在早夜和高峰前后,车辆加入或退出时,必定会影响到车辆在起讫站的停站时间,但这个影响的程度必须有一个最低限度的控制值(即 $t_{营}, t_{送}$),否则就无法组织正常的营运生产活动。这个控制值可称为"合理时间"($t_{合}$)

$t_{合} = t_{送} +$ 最少的停站时间

至于"最少停站时间"的标准,企业可根据线路具体情况而定。

3. 车式规格要准确

有关车式规格的问题前章已有阐述,在这里再补充一点就是,虽然由平均有效工时来表达的规格——标准规格(亦称通用规格),任何路线都是一样的,但是由于路线长度的不同,周转时间的长短不同,因此,各条线路由行驶车次来表达的实用规格就各不相同。为了在编制行车时刻表时能妥善、准确地安排好每辆车的车式规格,可根据本线路的具体情况,先编制好本线的车式规格表,以供编制行车时刻表时掌握使用,车式规格表表式如下:

表 4-6-1

规格基数 \ 项目	标准规格（以有效工时计）	实用规格（以行驶车次计）		
		常用	辅助	特定
1. 0.5班劳动力				
2. 1.0班劳动力				
3. 1.5班劳动力				
4. 2.0班劳动力				
5. 2.5班劳动力				

4. 整体布局要协调

整体布局,就是指行车时刻表的总体结构。总体结构上基本要求是:①尽可能地避免多辆车在同一起讫站同时进出场的情况发生(一端起讫站进出场的线路,也要做到尽量减少);②正班车与加班车应有比例地相互间穿插安排。这是编制好行车时刻表,有利于抽加车安排的重要条件之一。

以上四项原则,是编制好行车时刻表的基础,也是评价行车时刻表好差的依据,因此,在编制行车时刻表的全过程中,必须贯彻始终、严格执行。简单地说,就是每编算出一个运转时刻,落笔时都必须先从这四个方面的要求来论定其正确性、合理性。

(三)操作方法和要求

一般线路编制行车时刻表均采用群车的编制方法,远郊、长途线路大多采用单车分列的编制方法,这里重点介绍群车顺序法的操作方法和要求。

编制行车时刻表的一般顺序是(表4-6-2):

1. 先排出标线

2. 起排从车辆周转量最多的高峰时起排,班次序号第四列(简称第四列,下同)。时刻表下方的车辆周转量是17辆,标线6:44～7:58的周转时间为74分,根据行车间距计算方式得出车间距为:10×5("×"前的数字表示间隔数,"×"后的数字表示分钟,读作10个5分。下同),7×4。然后交叉均衡地写出每个发车时刻。同理排出第五、第六列的发车时刻。

3. 向前倒退编排和调整第三、二、一列的发车时刻。分别算出第一列车间距为2×9,2×8。第二列是4×6,10×5。第三列是14×5,1×4。由于第三列最大车距是5分,第一列最小车距是8分,14号路牌到1号路牌的车距出现较大的落差,而第二列车距最大为6分,显得前几辆车的车距过小,运能浪费,故重新将车距调整为第一列1×10,1×9,2×8,第二列5×8,4×7,1×6,第三列1×7,1×6,9×5,4×4。

在倒退编排时,要注意每一时刻营运时间是否符合合理时间的要求,如按表4-3-1,甲站到乙站6:30之前$t_{送}$=34分,$t_{停}$=3分,则$t_{合}$=37分。表4-6-2中,如第3列中的6:23放在4号路牌处,那么6:23从甲站到乙站再发车时刻6:58,运转时间为35分,停站时间仅1分钟,显然不合理,那么就将6:23填在下一位置的5号路牌处,空出的就是4号路牌6:58出场车辆的位置。有时虽然时间合理,为总体布局考虑,也有将时间往下移动一格,使其成为出场车的做法。第二、第一列方法同第三列。而第一列关键是确定另一向的首发车的时间,具体做法是,从第二列中的时刻中,看减去39分最接近5:30的是哪一个时刻,经测算,9号路牌处的6:10最合适,所以甲站的首班车就定在9号路牌处。排距同前。

表 4-6-2　　　　**线路行车作业时刻表（周一~周五用）　　　　实施日期：*年*月*日

班次序号	报到 出场	1 甲	2 乙	3 甲	4 乙	5 甲	6 乙	7 甲	8 乙	9 甲	10 乙	11 甲	12 乙	13 甲	14 乙	15 甲	16 乙	17 甲	18 乙	19 甲	20 乙	21 甲	22 乙	23 甲	24 乙	25 甲	26 乙	27 甲	28 乙	29 甲	车次 到场	回场
1	448 503	530	605	644	719	758	833	917	956	1040	1119	1203	1242	1326	1405	1449	1528	1612	1650	1732	1810	1852	1929	2010	2045	2124	2159	2238	2309X	27	2329	2344
2	532 547		612	649	724	803	838	922	1001	1045	1124	1208	1247	1331	1410	1454	1533	1617	1655	1737	1815	1857	1935	2016	2053	2133	2209	2249	2320X	26	2340	2355
3	456 511	538	618	653	729	808	844	928	1007	1051	1130	1214	1253	1337	1416	1459	1538	1622	1700	1742	1821	1903	1942	2023	2101	2143	2219	2300	2331X	22	2351	2406
4	616 631		658	733	812	849	934	1013	1057	1136	1219	1258	1342	1421	1504	1543	1627	1705	1748	1826	1908	1948	2030	2109	2144X					21	2206	2221
*1	504 519	546	623	702	737	821	855	940	1019	1103	1142	1225	1304	1348	1427	1511	1547	1631	1709	1754	1831	1914	1947X							1/4	1815	1830
5	548 603		628	707	742	826	901	946	1025	1109	1148	1230	1309	1353	1432	1513	1557	1636	1714	1753X										22	2326	2341
6	512 527	554	632	711	746	831	906	952	1031	1115	1154	1236	1315	1359	1438	1518	1602	1641	1723	1805	1842	1920	1955	2037	2117	2154	2229	2304X		26	2058	2113
7	520 535		637	715	750	835	912	958	1037	1121	1200	1241	1320	1404	1443	1523	1607	1645	1728	1810	1847	1925	2001	2036X						22	2135	2150
8	602 617		642	720	755	840	917	936X			1247							1650	1733	1815	1852	1829X								4:10	1851	1906
*2	642 657				724	759	840	923	1004	1043	1127	1206	1252	1326	1410	1449	1533	1612	1655	1737	1821	1858	1937	2014	2050	2125	2205	2239	2314X	27	2336	2351
10	450 505	530	616	646	728	803	845	923	1010	1049	1133	1212	1258	1331	1415	1454	1543	1622	1704	1742	1826	1903	1942	2020	2057	2133	2216	2249	2324X	27	2346	2401
11	500 515	540	617	651	733	808	849	929	1016	1055	1139	1218	1303	1337	1421	1500	1548	1627	1709	1747	1831	1908	1948	2026	2104	2141	2217X			23	2239	2254
12	616 631		624	656	737	812	854	934	1022	1060	1145	1223	1309	1342	1426	1505	1553	1632	1714	1752	1837	1914	1953	2032	2111	2142X				23	2202	2217
*3	625 640		631	705	741	816	859	940	1028	1107	1151	1230	1314	1353	1437	1511	1557	1636	1718	1756	1835X									1/4	1857	1912
13	509 524	549	631	710	746	821	908	945	1034	1113	1157	1236	1320	1359	1443	1516	1607	1641	1723	1806	1842	1919	1959	2038	2117	2150	2227	2300	2335X	22	2357	2412
14	517 532		638	714	754	829	913	951	1041	1113	1200	1241	1320	1359	1443	1522	1607	1646	1723	1807	1847	1924	2004	2035X						22	2055	2110
车辆周转量		4	10	14	17	15	17	15	14	14	14	14	15	15	15	15	15	15	15	15	15	15	14	12	11	9	7	7	3			
路牌	1	2	3	4	5	6	7	8	9	10	11	12	13	14	15	16	17	交1	交2	交3	交4											
报到	448	332	456	504	512	520	602	450	500	616	625	509	517	542	-2	-3	-1		2	6											
地点班	场	场	场	场	场	场	场	场	场	场	场	场	场	场	场	场	场	场	场	场	交											
落班时	1242	1253	1331	1304	1309	1315	1404	1309	1320	1315	1304	1320	1258	1314	1247	625	642	1018	1242	1331	1309											
接班	1528	1617	1538	1421	1359	1438	1557	1426	1348	1426	1348	1437	1426	1348	1906	场	914	1253	1528	1617	1557											
地点班	场	场	场	场	场	场	场	场	场	场	场	场	场	场	场	场	场	场	场	场	2117											
落班时	2344	2355	2406	2221	1830	2341	2113	2150	2057	2254	2217	2412	1912	2110	1830	1912	1557	1756	2050	2057	2412											
工时	754	759	757	802	738	754	755	802	810	806	806	803	750	803	543	1557	1912	1538	2351	2401												
工时	816	828	800	718	744	758	746	758	828	829	803	803	758	758		648	648	621	547	540	543											

交接班时间　地点：乙站　5:30~23:00
甲站　5:30~23:00

首末班时间　进出场修养保时间各55分钟

路线长度：上行（甲到乙）9.5km，下行8.5km
进出场里程：场到乙站5.5km，场到甲站5km
进出场时间：场到乙站27分，进场22分
　　　　　　场到甲站25分，进场20分
工时：267小时19分　总里程：3527km
平均工时：7小时38分　班日公里：101km

4. 第七列车距为 8×6,7×5, 因有 2 辆车要抽出。抽车时,应注意:被抽车辆的后继车辆 3 营运时间应 $\geqslant t_{合}$。在填写发车时刻时,应记住合理时间,并看好相邻第六列平行时刻下面的一个时刻,只要符合合理时间,就空一格,将时刻填在下面,空出的位置,就是上午加车进场的车辆。如 9:01 从 +1 下移到 6 号位,+1(A11)同理。

5. 布局。上午 3 辆加车进场后,按照编排时刻表第 3 和第 4 点"车式规格要正确","整体布局要合理"的要求,进行总体布局。从时刻表 1 的车辆周转量一行分析:12 列处有 1 车加出,可放在 12 列处的 +1 或 +2 处的位置上,又如放在 +3 处则出车时间就偏晚一些(本表放在 +2 处)。16 列到 20 列处,必是 +1 和 +3 下午车辆加入和抽出的位置。(从车式规格要求分析,加车取小规格是因为行车人员需 2 次进出场,增加了上下班的路程时间) 22 列处有一车抽出,可考虑作为 2 档或 1 档劳动力的 21 个或 10 个班次的小规格,一般考虑给 1 档(A35)的为好,因为有进出加例行保养工时各 1 次。然后第 23,24,25 列都有车抽出,可按 A14 车式的 21 到 23 个班次安排,26 列后均为 A15 车式计 7 辆。车辆抽出做到相间安排。经检查整个作业表均符合车式要求之后,按照车间距分布分别编排完毕。

6. 末班车的定位。当 26 列车距填写完成后,要考虑甲站的 23:00 末班车的位置,具体做法是将末班车时间 23:00 减去乙站到站行驶 3 分后为 22:25, 找出与 22:25 分相近的时间为 13 号路牌的 22:27。所以 27 列的周转时间是 22:00 减去 21:59 为 61 分钟。车距是 6 个,而不是 7 个,希望注意。同理,定出乙站末班车 23:00 的位置,并编排好车距。

7. 在时刻表中放 15~20 分钟时间,安排行车人员就餐。方法是部分人员调档吃饭(表 4-6-2 中未安排行车人员就餐时间,是为了看清车距的安排)。

8. 根据车辆进出场的时间和例行保养 15 分钟的要求分别写上相应的时刻。

9. 根据车辆进出场的规格,写上路牌名称。至此,整个行车时刻表编制结束。

路线若有区间车或大站车等行驶形式的，应分开编排，一般先编全程全站的时刻表，后编区间车或大站车的时刻表，二表合一时，要注意车距之间的镶档要合理。特别是区间车与全程车之间，区间车与前面的全程车的车距可适当大些，后面全程车与前面的区间车车距可小些，以利充分发挥区间车的作用。

一般线路行车时刻不会每一次都完全推翻原来的行车时刻表重新编排，大部分是根据客流动态变化，在原先线路行车时刻表的基础上，增减车辆变动车距而已。

郊区行车作业时刻表编制要求：

郊区行车时刻表的编制方法基本与市区行车时刻表相同，上海部分市区通往郊县中心城区的线路，发车密度已接近市区边缘线路的密度。但大部分郊区线路班次间隔较市区要大，调度形式单一，为便于记忆，一般这些线路是先定发车时刻，且一般都是半小时或一小时的整数时刻，然后通过连线的方式确定车辆数。

安排郊县时刻表应注意：

1．公路上分支路段多，有的是乡、村、镇、农场等所在地，所以在组织干道交通时要考虑支路上的需求和路线与路线之间的换乘。

2．车辆停放应选择有条件的乡、镇、农场等处过夜，或者招收部分当地附近的司乘人员，以减少空驶公里，节约成本支出。

3．郊县大部分线路营业时间较短，首末班车时间要符合当地农民乘车的规律。为充分利用车辆和劳动工时，车辆必要时可采用线路套用的方法。

4．郊县汽车中心有较多路线时，其发车时间要适当错开，便于组织顺利发车。

线路行车人员用膳安排

安排线路行车人员用膳是营运过程中一个重要环节。利用车辆调档完成行车人员用膳的方法，是有效利用时间、提高工作效率的较好措施。

如某线路双向运送时间为25分,终点站停站时间为5分,11时起放15分钟时间(见表4-6-3中"▲"处,另外再利用行车人员5分钟休息时间,二者合计20分)给行车人员用膳,用膳地点在乙站。表4-6-3中,标明甲站10:00~10:56放出的时间逐步增大,11:00~12:10是逐步减小。甲站10:56、11:00、11:05分别到乙站再发车的时间是11:40、11:45、11:49,剔除25分运营时间,已有19和20分的用膳时间,故不作调整。

表中需调档用膳的是3~14号路牌。车辆调档的原理是:车辆从甲站开出的时间加上45分钟(其中25分为运送时间,20分为用膳时间)后,到乙站找这个相应的时刻,这个时刻就是停车用膳后

表4-6-3

路牌	调档前					调档后			
	甲		乙	甲	▲	乙	甲	乙	甲	乙
1	1000		1030	1100	15	1145	1000	1030	1100	1145
2	1004	1	1035	1105	14	1149	1004	1035	1105	1149
3	1008	2	1040	1110	13	1153	1008	1055	1125	1153
4	1012	3	1045	1115	12	1157	1012	1040	1110	1157
5	1016	4	1050	1120	11	1201	1016	1045	1115	1201
6	1020	5	1055	1125	10	1205	1020	1050	1120	1205
7	1024	6	1100	1130	9	1209	1024	1110	1140	1209
8	1028	7	1105	1135	8	1213	1028	1115	1145	1213
9	1032	8	1110	1140	7	1217	1032	1100	1130	1217
10	1036	9	1115	1145	6	1221	1036	1105	1135	1221
11	1040	10	1120	1150	5	1225	1040	1125	1155	1225
12	1044	11	1125	1155	4	1229	1044	1130	1200	1229
13	1012	12	1130	1200	3	1233	1048	1135	1205	1233
14	1052	13	1135	1205	2	1237	1052	1120	1150	1237
15	1056	14	1140	1210	1	1241	1056	1140	1210	1241

开车的时间,并相应形成一个车组,这个车组的其他车辆则调档先开车,在下一圈时再用膳。见表4-6-3箭头所示。然后7~10、11~14路牌又各为一组,调档的原理相同。乙站11:45起各路牌全部恢复正常行驶。表中时间（为黑粗斜体）为用膳的地点和位置。

调档时应将某路牌甲乙两站发车时刻上下同时调档,如6号路牌的10:55和11:25同时调到3号路牌处,详见表4-6-3。

在行车作业时刻表中安排用膳的方法与上述介绍的基本相同,只要将需安排用膳的时间段抽出重新安排后,再填写在行车作业时刻表即可。

七、值勤时刻表的编制

（一）值勤时刻

值勤时刻就是行车人员的交接班时刻,它决定着行车人员的作息时间,它与行车人员的工作和生活都有着密切的关联。值勤时刻的划定是运行调度部门一项极为重要的设计内容。

值勤时刻按照作业班的形式,可分为连班时刻和分班时刻两种。连班时刻是以全班的规格来划分,分班时刻是以半班的规格来划分。值勤时刻按照交班的地点可分为中途站交接时刻和起讫站交接时刻。划分中途站交接时刻比较复杂,除了要注意相应起讫站的开出时刻外,还须掌握起讫站到中途站的运送时间。划分起讫站交接时刻比较简单,只要根据起讫站开出时刻,就可确定相应的交接班时刻。

全路线值勤时刻通常汇总在一张表格内,称为值勤时刻表（也称交接班时刻表）,大致可分为以下三类:

1. 第一类：直接从行车时刻表上摘录而得的值勤时刻,如出车时刻和方向,用膳时刻和地点,进车时刻和地点,停车时刻和地点,车序号等。

2. 第二类：从行车时刻表上的车式内,按班式的规格划分出来的各班式值勤时刻,如交班时刻、地点或方向,接班时刻、地点或方向等。

3. 第三类：根据上述各种值勤时刻,经过加工计算而产生的值勤时刻。如报到时刻和地点，离车时刻和地点等。

编制值勤时刻是一项比较细致复杂的工作，涉及范围比较广。因此在编制过程中，除了必须参照一定的方法、规格和规范外，还须注意以下几个问题：

1．划定行车人员的值勤时刻时，不仅要遵循本部门的值勤规章制度，而且要注意有关部门配合工作在时间上的要求，相互密切配合，协调一致，才能共同做好运行调度工作。如客票收发时间和地点、膳食供应的时间和地点、政治思想学习时间等。

2．划定行车人员的值勤时刻时，还要考虑在规定范围内能取最佳的作息时间，尽可能在时间安排上能满足行车人员对时间上的合理要求。如恰当的用膳时间、合适的工作连续时间、充裕的休息集中时间、个别特殊照顾的工作时间等。

3．划定行车人员的值勤时刻时，须注意基层管理工作对值勤时刻的具体要求，应与基层管理部门共同协商解决值勤时刻上的一些问题和矛盾。这样有利于运行调度现场管理工作的顺利进行。如作业班轮流值勤的方法，基层进行管理活动的时间和地点，人员与车辆的配合问题等。

4．划定行车人员的值勤时刻时，必须注意要保证行车人员有一定充裕的休息时间，当日交班时间与次日接班时间的间隔不得少于九小时，分班值勤形式的由上半班交班时间与下半班接班时间的间隔不得少于三小时。

（二）班式的划分

一个车式按照班式的规格，划分成若干班式，称为班式的划分。班式的划分有多种方法。根据值勤方式可分为连班划分和分班划分两种。根据交接班地点，又可分为起讫站划分和中途站划分两种。实际应用时，两种方法是交叉结合在一起的。现分述于后：

1．起讫站划分

郊区路线和市区的短路线的交接班地点，往往设在起讫站，因为起讫站具有促使交接班顺利进行的具体条件，在起讫站划分值勤时刻比较简单，只要在行车时刻表上选定合适的开出时刻，即是相应班式的交接班时刻，不需再进行加工，可直接摘取。

2. 中途站划分

市区路线特别是线路比较长的路线的交接班地点，往往设在中途站。这些中途站多数在靠近基层办公的地方，便于行车人员在交接班前后能相互联系工作和交流情况。中途站划分值勤时间比较复杂，它不是以起讫站的开出时间作为交接班时间，而是以中途站的经过时间作为交接时刻。因此在划分时，应以始末站开出时刻加上起讫站到中途站的路段运送时间，作为交接班时刻，由于中途站离开两端始站的距离并不一定相等，所以路段运送时间在上、下行方向上并不一致，在划定时刻时需特别注意，以免差错。

3. 连班划分

连班划分的意思是按全班式的各种规格，把各车式划分成若干班式。由于全班式的交接有三种形式，即全班路线交接式、全班停处交接式和全班处线交接式，因此在划分时，要区分这三种不同交接班规格形式的规格。

4. 分班划分

分班划分的意思是按半班式的各种规格把各车式划分成若干班式，半班式的交接也有上述三种形式，即半班路线交接式、半班停处交接式和半班处线交接式，所以在划分班式时，也要区分这三种不同形式的规格。

(三) 班式的序号

每条路线都有一定数量的各种班式，为了便于安排和管理，需给每个班式编制固定的号码。这种号码称为班式的序号，简称班序号。编制班序号的主要根据是班式轮值形式和车小队（车小组）组织编制。

1. 班式轮值形式

在一条路线内，每个班式都有每个班式的值勤时间和客流负荷，彼此并不一定相等，有时还相差很远。因此为了消除劳逸不均的现象，通常都把一定范围内的作业班轮流去值勤每个班式。这种轮流值勤的方式，称为班式轮值形式。

2．车小队组织编制

为了加强运行调度管理，一条路线所有作业班要划分成若干小队，每个小队管辖一定数目的作业班。划成多少小队？每个小队内有多少作业班？这些就是每条路线的小队组织编制问题。根据本路线的实际情况和传统习惯，小队组织编制可采用各自的不同形式。其中比较重要的基本形式，是由代公休方式所决定的两种编制形式。

3．编序号方法

根据已确定的小队组织形式和轮值方式，把各班式归入各轮值范围内，然后在各轮值范围内，按班式的先后次序编上从小到大的顺序号，这个顺序号即是班序号，编制班序号的过程大致就是这样。

八、运行指标的结算

行车时刻表和值勤时刻表编制好后，最后还有一项重要工作就是行车作业计划的运行指标的结算，通过运行指标结算所得的数值与现行实施的行车作业计划的指标数值的对照比较，对新编的行车作业计划的合理性和可行性作出准确评估，然后呈送上级领导和有关部门审定后实施。

运行指标的内容主要有：(1) 配车；(2) 劳动力配备；(3) 公里；(4) 工时；(5) 车速；(6) 班次。现将各项指标的涵义及其计算方法分述如下：

（一）配车

配车数是指全日营业时间内的最高出车数，若线路车辆配备有大小多种车型的（如：铰接、单机、中巴等）应先分列统计，然后合并统计为线路的配车数。

为了对线路运能配备的全面分析，可将线路全日营业时间内各时区的配车数分别列出进行比较，从而对行车作业计划运能调整的合理性作出正确的判别。

（二）劳动力配备

劳动力配备的基数就是行车时刻表需要的劳动作业班数（俗称劳动档数）。

驾驶员＝劳动作业班数（档数）

乘务员＝ $\begin{cases} 铰接式车辆 = 劳动作业班数 \times 2 \\ 单机式车辆 = 劳动作业班数 \\ 无人售票车辆 = 0 \end{cases}$

（三）公里

1．行驶总里程

指营运车辆在全部工作车日中所行驶里程的总和。

行驶总里程＝营业里程＋非营业里程

2．营业里程

指营运车辆在行驶总里程中载运乘客行驶的里程数。

营业里程＝路线长度 × 营运班次（行驶车次）

3．非营业里程（空驶里程）

指营运车辆为营运而进出车过程中不载运乘客的空车行驶里程数。

非营业里程＝进出场不载客行程的长度 × 相应的进出场空驶的车次

4．班日里程（班日公里）

指平均每个劳动作业班的行驶里程。

班日里程＝行驶总里程 ÷ 劳动作业班数

（四）工时

1．营运总工时（营运值勤工时）

指行车人员从报到准备投入运行始，直至运行结束，例保完毕为止的所有值勤工时的总和。

营运总工时＝工作车时＋例保工时

2．工作车时

指营运车辆在一个工作日中所运行的工作时间。

工作车时＝车辆到场或停驶时间－出场时间－单班车的停驶时间

3．营运工时

指营运车辆在工作车时中为载送乘客而运行所需全部营业时间。

营运工时＝值勤工时－例保工时－进出场空驶工时

4．运送工时

指营运车辆实际运送乘客从起点站至终点站往返运行所需的时间总和。

运送工时＝营运工时－车辆在起讫站停站时间的总和

5．班日工时

指平均每劳动作业班的值勤工时

$$班日工时 = \frac{劳动总工时}{劳动作业班}$$

（五）车速

1．营运车速

$$营运车速 = \frac{营运里程}{营运车速}$$

2．运送车速

$$运送车速 = \frac{营运里程}{运送工时}$$

（六）班次

营运班次指营运车辆为营业行驶的车次数。

车辆在路线上行驶一个单程，不论其路线长短（全程或区间，以及是否拖带挂车），均作为一个车次统计，但不包括团体包车的车次数。

车辆在路线中途加入（或进场），若带客出（进）场的，则均作为区间班次统计，若不带客的则不作班次统计。

附件：上海市公共汽车和电车线路行车作业计划编制规范

第一条（目的和依据）

为规范本市公共汽车和电车行车作业计划表的编制，保证行车作业计划表报备工作的顺利进行，根据《上海市公共汽车和电车客运管理条例》的规定，制定本规范。

第二条（行车作业计划表要素）

线路经营者编制的行车作业计划表及行车作业计划对照表（公交客定05表）应当包括：路别，使用形式，实施日期，编号，路牌，车型及各班次（包括套线路的定特班车）的发车时间等基本要素。

第三条（行车作业计划的定额标准）

线路经营者应当根据《上海市公共汽车和电车客运管理条例》规定的营运要求和线路客流量编制行车作业计划。行车作业计划应当符合下列要求：

（一）线路营运时间

市区全日路线一般为5:00～23:00时；市区高峰车线路一般为5:30～8:30时和15:30～18:30时；与地铁，轻轨，轮渡的营运时间确定；郊县线路一般为6:00～20:00时；夜宵线路一般为23:00～次日5:00时。经营者不得擅自变更经核准的线路营运。

（二）车辆载客满载程度

车身长7m以上的客运车辆按照行业核定的载客人数营运。一般线路车辆高峰小时高单向高断面的平均满载程度不超过80%，非高峰小时高单向高断面的平均满载程度不超过65%；无人售票线路车辆高峰小时高单向高断面的平均满载程度不超过70%，非高峰小时高单向高断面的平均满载程度不超过60%。

车身长7m以下（含7m）的客运车辆按照公安局车辆管理部门核发的车辆行驶证上规定的人数营运。

（三）线路行车间隔

1.市区线路

早夜高峰时间段≤8min；早夜高峰之间与小夜高峰时间段≤10min；早高峰之前和小夜高峰之后的时间段：内环线内的线路≤15min，内环线外的线路≤20min；夜宵车线路≤40min。

2. 郊区线路≤25min；郊区夜宵线≤60min

（四）线路营运车辆

线路经营者必须按核准的线路营运车辆数、车型编制制作计划，不得擅自增加或减少营运车辆和班次数。线路经营者在具体实施计划时，可以按照线路客流状况，以核准的车辆数为基准，增加或减少10%的车辆数（小数点尾数不计）及相应的班次数。

线路经营者需要采用空调车（或者部分采用空调车）、无人售票方式营运的，应当按照《上海市无人售票公共汽车和电车客运管理规定》和《上海市空调公交车辆客运管理规定》的有关要求办妥相关手续后，再行报备行车作业计划。

线路经营者遇客流变化或者其他特殊情况不能按上述要求编制行车作业计划时，应当向市运管处说明情况，提出书面申请，填妥《路线各站正副站名及时刻信息表》，在获得批准后改变行车作业计划中的线路营运时间、线路配车数。遇客流变化或者其他特殊情况时，市运管处可以要求线路经营者按照新的要求编制行车作业计划表。

第四条（行车作业计划表的报备）

线路经营者应当在行车作业计划表实施前5个工作日前向市运管处报备。报备的行车作业计划包括行车作业计划表、行车作业计划对照表（一式两份，运能增加或者减少、车型调整时，提供近期两次以上的客流分析资料）。

第五条（营运调度形式的确定）

市运管处根据线路的实际情况或者经营者的申请，采取审批的方式确定线路的调度形式。

线路经营者因客流需要经营定点班车（包括职工上下班直达车）时，应当向市运管处提出书面申请，经审核同意，办妥有关手续后营运。

第六条（新辟、延伸、调整线路的行车作业计划表的报备要求）

新辟、延伸、调整线路的，经营者可先报备行车作业计划表。但该行车作业计划表必须在办妥市交通管理部门和市运管处的各项审批手续后实施。

第七条（统计报表）

行车作业计划对照表必须按行车作业计划表上的各项数据如实填报。

营运调度月报按行车作业计划对照表要求填报。当月实际人次、公里、营收则以统计部门提供数据为准。

第八条（有关用语的含义）

行业核定载客人数是指：按车辆固定座位数＋（车厢有效站立面积$\times 8$人$/m^2$）计算确定的载客人数。

早高峰是指：上午的客流高峰时间，一般指6:30～8:30时，市区边缘路线适当提前30分钟左右。

夜高峰是指：下午的客流高峰时间，一般指16:00～18:00时，市区边缘适当推迟30分钟左右。

小夜高峰是指：晚上的客流高峰时间，一般指19:00～21:00时。

营运调度形式是指：线路车辆运行的方式。主要有全程车、区间车、大站车和直达车等运行方式。

定点班车是指：在新村或者主要集散点采用乘客上车购票或者凭乘车卡乘车等形式，具有固定的发车地点、发车时刻和长距离运送特点的班车。

第五节　行车现场调度和现场营运管理

一、行车现场调度方法

在营运路线的行车现场，调度人员依据行车组织实施方案的要求，结合车辆运行实况直接对车辆和人员下达行车调度指令的工作，称为路线行车现场调度。

行车现场调度工作，是城市公交营运管理系统中最基层的管理工作。其主要任务是对行车作业计划和行车组织方案在实施过程中进行组织、指挥、监督和调节。其目的是充分发挥车辆的运载能力，适应乘客的需要，保证营运活动的正常进行和既定目标的顺利实现。

行车现场调度工作涉及范围很广，内容很多，各城市的基础设施和社会经济环境不同，现场调度的具体内容亦不尽相同。按一般常规归纳起来，有以下几方面：

1．正常行车间距：行车间距（简称车距）是营运服务工作质量的重要标志之一。车辆在运行过程中，由于各种原因，往往会干扰和破坏行车组织方案所规定的车距，造成行车秩序不正常。现场调度人员就要及时采取措施，迅速恢复原来的车距，或进行监督控制，均衡调节车距，使之逐步纳入计划运行，这是现场调度中最常见的基本工作之一。

2．恢复行车次序：路线上的车辆是按规定的前后次序运行的，当车辆发生故障肇事等情况，常使行车次序前后颠倒，给运行秩序带来困难和麻烦。因此，现场调度应在不影响工作质量前提下，尽可能及时恢复原来的行车次序。

3．延缩行驶时间：路线上的车辆是按规定的周转时间往返行驶的，但在行车过程中会遇到各种意外情况，使原有的周转时间有余缺。此时，现场调度就要相应地放长或缩短周转时间，同时调整行车间距，使行车秩序正常。

4.增减运送能力：调度人员必须随时注意运能的调节，以适应客流量的变化状况。在行车组织方案内所安排的运能仅适应于正常客流动态的一般规律，如果客流发生较大变化，在部分站段的客流通过量过分高于或低于客位量时，现场调度应采用各种措施，增减运送能力。

5.变动行驶路线：营运路线常会遇到道路受阻等意外情况，电车线路因供电设备损坏，车辆无法通行，现场调度就要当机立断，临时改变行驶路线，以适应乘客需要，保持线路通行。

现场调度分为常规调度和异常调度两大类：

（一）常规调度：当行车情况基本上能符合行车组织方案的实施要求时，全线处于正常运行时的调度工作则属常规调度，又称线路的基本调度，常规调度的基本内容有以下几点：

1．按时发出开车指令，注意加车暂停营运时车距的调节。

2．检查到站车辆状况，注意加入营运的车辆。

3．妥善安排行车人员用膳和交接班事项。

4．正确及时全面地做好原始记录和调度日志。

（二）异常调度：当行车现场由于各种原因造成行车紊乱不能符合行车组织方案要求时的调度工作称为异常调度。行车异常情况的出现常常是错综复杂的，宜采用多种方法的综合调度措施。现将异常调度中常用的十种基本方法、法则分述如下：

1．调距法：它是调整行车间距的一种调度方法。适用于下述情况：①原有的均匀车距遭到破坏；②常规车距不能适应现场客流需要；③在实施其他调度方法需要相互协调配合时，在不增减原来行驶车辆数和周转时间的情况下，可应用调距法对行车间距作调整，使行车间距得到新的均匀。

调距法的具体内容和做法：

（1）确定调整车距的时间范围，转折时刻和调整方法。从调整开始到结束之间的时间差距称为调距时间范围，凡在这个范围内各个车距都要进行调整。由于调距是在不增减运能和周转时间的条件下进行,所以在调距范围内有车距缩小必有车距扩大,反之,有车距扩大必有车距缩小。车距逐渐缩小或扩大在时刻上的转变界线,称为转折时刻。转折时刻在时刻表上所列的位置影响各个车距缩小或扩大的幅度。车距调整的方式有两种:①先增后减,就是在调距的时间范围内,转折时刻以前的车距逐渐增大,转折时刻以后的车距逐渐减小;②先减后增,就是在调距的时间范围内,转折时刻以前的车距逐渐减小,转折时刻以后的车距逐渐增大。

(2) 核算转折时刻的停站时间。当行车间距经过调整后,每个车次新开出时刻与调整前开出时刻之间的差距称为时差。如果新开出时刻在原开出时刻之后称为增时差,新开出时刻在原开出时刻之前称为减时差,它们的相互关系可用下列公式表示:

$$先增后减:D_{差增} = O_{开新} - O_{开原} \quad (2-1)$$

$$先减后增:D_{差减} = O_{开原} - O_{开新} \quad (2-2)$$

式中:$D_{差增}$——增时差

$D_{差减}$——减时差

$O_{开原}$——调整前原来开出时刻

$O_{开新}$——调整后新的开出时刻

在安排调距的过程中,要特别注意核算转折时刻停站时间的数值,不论是哪一种方式,调整后的最大时差,也就是转折时刻的时差,不能大于起讫站休息时间,即:

$$|D_{差大}| \leqslant t_{停}$$

$|D_{差大}|$——转折时刻的时差(不论增或减)

$t_{停}$——在转折时刻上的起讫站停站时间

(3) 分配和计算每个车距调整后的距差。经过调整后的新车距与调整前的旧车距之差值,称为距差。新车距大于旧车距,称为增距差(增差);新车距小于旧车距,称为减距差(减差)。它们的相互关系可用以下公式表示:

$$d_{差增} = t_{距新} - t_{距旧} \quad (2-3)$$

$$d_{差减} = t_{距旧} - t_{距新} \qquad (2-4)$$

式中：

$d_{差增}$——增距差

$d_{差减}$——减距差

$t_{距新}$——调整后新车距

$t_{距旧}$——调整前旧车距

从行车调度实践中得知，转折时刻的时差等于转折前或转折后各距差之和，因此，计算各车距的距差，可按下列进行：

$$\bar{d}_{差增} = |D_{差大}|/n_{增} \qquad (2-5)$$

$$\bar{d}_{差减} = |D_{差大}|/n_{减} \qquad (2-6)$$

式中：

$\bar{d}_{差增}$——平均增距差

$\bar{d}_{差减}$——平均减距差

$n_{增}$——增距差的车距个数

$n_{减}$——减距差的车距个数

(4) 发车时刻以一分钟为计量单位时，用平均距差调整车距常不能符合运行要求，要求结合具体情况换算成分钟分配各种不同距差，但在分配过程中，应注意各种车距之和必须与时差相等，即：

$$|D_{差大}| = \sum_{i=1}^{n_{增}} d_{差增\,i} \qquad (2-7)$$

或

$$|D_{差大}| = \sum_{j=1}^{n_{减}} d_{差减\,j} \qquad (2-8)$$

从以上两式可推知

$$\sum_{i=1}^{n_{增}} d_{差增\,i} = \sum_{j=1}^{n_{减}} d_{差减\,j} \qquad (2-9)$$

或

$$\sum_{i=1}^{n_{增}} d_{差增\,i} - \sum_{j=1}^{n_{减}} d_{差减\,j} = 0 \qquad (2-10)$$

(5) 确定调距后每个车距的新数值，从以上定义表明，增距差是调整后车距比调整前扩大，减距差是调整后车距比调整前缩小，如果以增距差为正值，以减距差为负值，则新车距可按下列公式计算：

$$t_{距新} = t_{距旧} + d_{差} \tag{2-11}$$

(6) 编制调整后新的开出时刻。编制新的开出时刻的方法与行车作业计划的编制方法相同。

2. 延时法：它是延长周转时间的一种调度方法，路线车辆往返于两端起讫站，原有的周转时间不够，可应用延时调度法。在运行过程中常会遇到道路"交通阻滞"客流密集、乘客吊车、气候变化、行车事故和纠纷以及驾驶员行车不当车速降慢等，使车辆的周转时间超过正常的规定，影响车距和行车秩序，可用延时调度法处理。延时法的具体做法，可分四个部分：

(1) 确定延时起始时刻和影响范围。应用延时法的目的，就是延长车辆的周转时间，延长周转时间从哪一辆车开始（或哪个车序开始），是安排延时法首先要解决的问题，起始时刻应按需要而定。在延时起始时刻确定后，考虑延长周转时间后会影响哪些车间距需要增大，这就是延时的影响范围。

(2) 计算起始时刻前后各个车距的距差。起始时刻前各车距距差的计算方法，基本上与调距法相同，可参照增差的计算公式，见公式(5)和(7)，式中时差可用延长时间的增值来代替，在起始时刻后各车距的距差可按下列公式计算和分配：

$$\bar{d}_{差增} = D_{差延} / n_{周} \tag{2-12}$$

或

$$D_{差延} = \sum_{i=1}^{n_{周}} d_{差增 \, i} \tag{2-13}$$

式中：

$\bar{d}_{差增}$——各个车距的平均增距差

$d_{差增 \, i}$——某个车距的增距差

$D_{差延}$ ——延时后的时差

$n_{周}$ ——一个周转所含车辆数

(3) 确定延时后每个车距的新数值。在起始时刻前各个车距的新数值,其计算方法与调距法相同,可参照公式(12)计算。在起始时刻后各个车距的新数值,可按下列公式计算:

$$t_{距新延} = t_{距旧延} + \bar{d}_{差增} \qquad (2-14)$$

式中:

$t_{距新延}$ ——延时后新车距

$t_{距旧延}$ ——延时前旧车距

(4) 编制延时后新的开出时刻,延时后新的开出时刻编制方法与行车作业计划的编制方法相同。

3. 缩时法:它是缩短周转时间的一种调度方法。车辆往返于两端起讫站,在原有周转时间有多余时,可应用缩时法。在运行过程中有时道路交通畅通无阻、客流缓和均匀或驾驶员开快车等,或发生交通中断必须缩线行驶时,车辆的周转时间比原来规定时间减少,车辆就会在起讫站积压起来,影响起讫站调度工作,可用缩时调度法处理。缩时法的具体做法分四个部分:

(1) 确定缩时起始时刻和影响范围,应用缩时法的目的就是缩短车辆的周转时间。因此,确定从哪辆车(或哪个车序号)开始缩短,是安排缩时法的先决条件,起始时刻应根据需要而定。在起始时刻确定后,就要考虑缩短周转时间前哪些车距受影响要减小,这就是缩时法的影响范围。

(2) 计算起始时刻前后各个车距的距差,起始时刻前各车距距差的计算方法基本上与调距法相同,可参考减距差的公式计算,见公式(6)和(8),式中时差可用缩短时间的减值来代替,起始时刻后各车距的距差,可按下列公式计算和分配:

$$\bar{d}_{差减} = D_{差缩} / n_{周} \qquad (2-15)$$

或

$$\sum_{i=1}^{n_{周}} d_{差减\ i} = D_{差缩} \qquad (2-16)$$

式中：

$\bar{d}_{差减}$——各个车距的平均减差距

$d_{差减\,i}$——某个车距的减差距

$D_{差缩}$——缩短后的时差

$n_{周}$——一个周转所含车辆数

(3) 确定缩时后每个车距的新数值。起始时刻前各个车距的新数值，其计算方法与调距法相同，可参照公式(11)计算。起始时刻后各个车距的新数值，可按下式计算：

$$t_{距新缩} = t_{距旧缩} - d_{差减} \qquad (2-17)$$

式中：

$t_{距新缩}$——缩时后新车距

$t_{距旧缩}$——缩时前旧车距

(4) 编制缩时后新的开出时刻，缩时后新开出时刻的编制方法与行车组织的编制方法相同。

4. 加车法：在原有行驶车辆中增加车辆的调度方法称为加车法。当路线上的客流突然增高，需要增加运能时可使用加车法。有时因种种原因使周转时间延长，但又不想增大车距，在需要补充运能时，常用加车法处理。在路线上增加车辆数目就等于增加车辆间隔个数，为了使加入车辆的前后发车时刻达到车距的均匀分布，需对原有的车距进行计算调整。加车法的具体做法如下：

(1) 确定加车的数量和加入时间。要增加多少车辆，增加在哪些时刻，按现场实况而定，在加车数量和加入时间确定后，再考虑加车的具体安排。

(2) 划定增加车辆后所影响的时间范围（或车序范围）。增加车辆后会发生车距不匀现象，必须对原有车距适当调整，调整的面越宽，调整的幅度越小，反之，则越大。所以调整面的宽狭，应根据客流需要和运行可能而定，调整面的宽狭即是加车法的时间范围。

(3) 计算加车后时间范围内各车距的距差。在所影响的时间范围内各车距距差的计算公式如下：

$$\overline{d}_{差减} = t_{距} \cdot m/n+m \tag{2-18}$$

或

$$mt_{距} = \sum_{i=1}^{n+m} d_{差减\,i} \tag{2-19}$$

式中：

$d_{差减}$——加车后的平均减距差

m——加车数量

n——时间范围内原有行车间隔个数

(4) 修正时间范围内每辆车开出时刻。在加车时间范围内每辆车开出时刻的修正公式如下：

$$O_{开后} = O_{开前} + t_{距旧} - d_{差减} \tag{2-20}$$

式中：

$O_{开前}$——前车起讫站开出时刻

$O_{开后}$——后车起讫站开出时刻

5. 抽车法：在原有行驶车辆中，减少车辆的调度方法称为抽车法。当路线上的客流明显减少，为了避免运能的浪费，可采用抽车法处理，有时其他路线客流增升，需要本路线抽车支援，也可用抽车法。另外，车辆在路线上发生故障、纠纷、事故或检修车辆不能准点出场等，造成路线缺车，也可用抽车法处理。抽车的数目就等于减少车辆的间隔个数，为了使减车时刻前后的车距能保持均匀分布，需对原来车距进行计算调整。抽车法的具体做法如下：

(1) 确定减车的数量和抽出的时间。要抽去多少车辆？抽在哪些时刻？应按现场实况而定，不能任意决定。抽车数量和时间决定后，就可具体安排抽车的方法。

(2) 划分减少车辆后所影响的时间范围（或车序范围）。减少车辆后会产生车距不匀，须对原有车距重作调整。这与加车法相同，调整面越广，调整幅度越小，反之，则越大。一般按实况条件决定调整面的宽度，这种时间上的宽度也就是抽车法所影响的时间范围。

(3) 计算抽车后时间范围内各车距的距差,在所影响的时间范围内各车距距差的计算公式如下:

$$\bar{d}_{差增} = t_{距} \cdot m/n - m \quad (2-21)$$

或

$$mt_{距} = \sum_{i=1}^{n+m} d_{差增 i} \quad (2-22)$$

式中:

$\bar{d}_{差增}$——抽车后的平均增距差

m——抽车数量

n——时间范围内原有行车间隔个数

(4) 修正时间范围内每辆车的开出时刻,在抽车所影响的时间范围内每辆车(或每个车次)开出时刻的修正公式如下:

$$O_{开后} = O_{开前} + t_{距旧} + d_{差增} \quad (2-23)$$

6. 放站法:调度员指定某辆车在开出后不停靠若干个常规的停靠站,用以节省停站时间,达到加快车辆周转,或是为了临时调整各站段的运能分配,沿途越站停靠的一种调度方法称为放站法。在起讫站,当车辆到达后的慢误点分超过停站休息时间时常用放站法弥补误点时间,有时为了加快车辆的周转也用放站法。放站法的具体安排如下:

(1) 确定不停靠的具体站点。为了节省停站时间又不影响服务质量,在分析客流的基础上,正确估算因不停靠而能节省的时间,全面权衡后确定。如有多辆车连续应用放站法时,要考虑每辆车不停靠的站点尽可能不相同,通常采用交叉不停的办法,不使站上乘客候车时间过长,不过多影响服务质量,电车线路不停靠的站点要适当减少。

(2) 计算放站后的周转时间。采用放站法要事先能估算出节省的时间,核算放站后能否达到运行上的要求,同时考虑对服务质量的影响程度,放站法的周转时间按下列公式计算:

$$t_{转放} = t_{转} - \sum_{i=1}^{n} t_{不停 i} \tag{2-24}$$

式中：

$t_{转放}$——放站车的运转时间

$t_{不停 i}$——不停靠某个站点能节约的时间

n——不停站的站点个数

7. 掉头法：调度员指定某辆车缩短原来行驶线路的路程，用以减少周转时间的一种调度方法称为掉头法。掉头法与放站法一样能缩短周转时间，放站只能缩短少量时间，掉头能缩短较多时间。因此，车辆到达起讫站的迟到时间超过全程周转时间三分之一时，可采用掉头法来补偿已损失的周转时间。有时为了提高运行效率，增加某些站段的运能，也可用掉头法处理能量平衡。掉头法的具体做法如下：

（1）确定掉头的地点和方法。采用掉头法首先要选择适合车辆掉头的地点，了解掉头地段的客流和道路条件，电车线路的架空线设施等。如有两辆以上车辆掉头时，应尽量避免连续在同一地点掉头，掉头的站点和开出时间也要分开。掉头的方式主要有绕道和原地两种，都要考虑道路交通和乘客对服务的需要。

（2）计算掉头车辆的周转时间，根据掉头车行驶线路的车速时间以及回程所需停站休息时间，正确计算掉头车行驶一圈所需要的周转时间，计算公式如下：

$$t_{周掉} = 2t_{送掉} + t_{休掉} + t_{终休} \tag{2-25}$$

或

$$t_{周掉} = 2(t_{送} - t_{空}) + t_{休掉} + t_{终休} \tag{2-26}$$

式中：

$t_{周掉}$——掉头车周转时间

$t_{送掉}$——掉头车运送时间

$t_{休掉}$——掉头车在掉头地停站休息时间

$t_{送}$——全程车运送时间

$t_{空}$——掉头车节约时间(单行向)

$t_{终休}$——终点站的休息时间

8. 跨线法:利用路线营运车辆富余的运能支援需要增加运能的路线,使一辆车能行驶多条路线或多种运行型式的调度方法称为跨线法。当相邻路线高峰时刻有明显差距或本线运能富余可以支援他线营运,现场调度常用跨线法来挖掘路线的运送能力,有时营运路线承接特约租车业务,应用跨线法解决沿线的特约客流或组织客流。跨线车要具备时间差条件,就是跨出与跨入的时间要与客流相吻合,必须正确计算跨线车辆的来回时刻。计算公式如下:

$$O_{跨到} = O_{跨去} + t_{跨空} + t_{跨休} \qquad (2-27)$$

$$O_{跨回} = O_{跨到} + t_{跨送} + t_{跨空} \qquad (2-28)$$

式中:

$O_{跨到}$——跨入路线使用路线车时刻

$O_{跨去}$——跨线车在跨出路线的开出时刻

$t_{跨空}$——跨线车调度空驶时间

$t_{跨休}$——跨线车到跨入站点后休息时间

$O_{跨回}$——跨线车回到跨出路线的到达时刻

$t_{跨送}$——在跨入路线内跨线车运行时间

9. 调序法:路线营运车辆是按规定的车序顺序运行,常因某种需要,如行车人员用膳、换班、事故、纠纷等需将顺序车辆前后或跳序对调,以保持车距均衡运行,这种调度方法称为调序法。调序法就是将车序号临时重新组织调整,最后仍恢复到原来的次序正常运行。调序法根据相互对调的车辆可分为两车调序和多车调序两种,调序后调序车次前后的运转时间不能小于规定的运送时间,即:

$$t_{序转} \geq t_{运送} \qquad (2-29)$$

式中:

$t_{序转}$——调序车次前后的运转时间

$t_{运送}$——相应车次规定的运送时间

10. 镶距法：在一条路线上采用多种运行形式复合运行时，各种形式的车距混合在一起，必须要注意相互协调，对应镶嵌，以保持正常车距秩序，这种合理安排不同车距的镶嵌组合称为镶嵌法。主要应用于全程车与区间车、全站车与大站车的两种复合调度形式。全程与区间的镶距属连续性，只要把某站点的镶距安排妥当，其他站点的镶距也能相应地镶好。全站与大站车的镶距属间断性，在某站点的镶距安排好后，在相隔一定时间的站点才能作相应的镶距，其他站点就不一定能镶好车距。因此，在考虑大站车的镶距时，常常只注意若干重点站的镶距问题。镶距法可分为有规则和不规则两种，有规则镶嵌又可分为整倍数和非整倍数两种。整倍数镶距是两种镶嵌的车距数值相互成为整倍数，使两种车距便于镶嵌；非整倍数镶距是指两种镶嵌的车距其数值相互不成为整倍数，在镶嵌时不易处理，车距均匀程度呈周期性变化。有规则镶距可用下列公式核算两种镶嵌车距的数值：

$$t_{距a} = nt_{距b} \tag{2-30}$$

式中：

$t_{距a}$——a 种镶嵌车距

$t_{距b}$——b 种镶嵌车距

n——倍数

在上述公式中，如果 n 是整倍数，该式即为整倍数镶距方法，若 n 是非整倍数，该式即为非整倍数镶距方法。不规则镶距是指两种镶嵌的车距无规律而任意的镶嵌，相互间无一定规则可循的镶距，应用这种方法镶距，如其车距分布很不均匀，对个别车距需作适当调整，但运行效果欠佳，采用时应慎重。

以上介绍的是现场调度常用的十种基本方法，行车现场所采用的各种调度方法和方案，都由上述十种基本方法综合组成。因此，线路调度人员必须切实掌握这些基本方法的实质，灵活应用，才能得心应手，运用自如。以上十种基本方法，简称为现场调度十法。

二、现场调度作业的原始记录和统计

城市公交业务调度部门的基本任务是执行上级的调度指令，根据车辆的配备和客流等情况制定所辖范围的公交运营调度计划和行车作业计划，并负责检查计划的落实情况，以使公交运行活动中的能和量达到最大限度的平衡。在各级调度组织的日常生产活动中，每年每月乃至每日重复进行着围绕第一线运行活动的各种统计和核算。内容大致包括：用乘客人次核算车辆运行过程中的服务情况，用行驶里程核算车辆设备的运行情况，用行驶车时来核算劳动力的使用情况，用行驶车次来核算服务质量的高低程度等。

上述统计和核算的基础，均是来自运行第一线的发生在特定时间内的运行活动中的原始数据，而这些原始数据的采集完全依赖于公交现场调度人员全面、正确、及时的记录，可以想象，内容失实的原始记录肯定会给公交企业的经营决策带来不利的影响。

（一）现场调度原始记录

公交现场调度原始记录是指公交现场调度人员对发生在公交营运第一线的有关数据和情况的记载。现场调度原始记录既是特定公交路线在特定时间内运行情况的反映，也是整个公交企业营运服务活动核算分析的基础。通过这种核算分析，公交企业的经营决策部门能及时了解运行过程中存在的问题，及时采取改进措施，为提高服务质量提供了保证。公交现场调度的原始记录种类繁多，形式各异，但从原始记录所反映的内容来看基本上包括这样几个方面：①车辆的进出场情况，②班次的收发情况，③行车人员的值勤情况，④客票的出售情况，⑤车辆的故障情况，⑥客流量及营运服务状况等等。这些内容是公交企业统计和核算所必须的最原始的内容，一般都由特定公交路线的线站调度员在工作中如实记录，及时反馈。下面是几种主要的现场调度原始记录。

行车调度工作日报是对发生在公交特定线路上的每天从首班车起到末班车为止的营运服务情况的记实。调度日报的表式没有一定的标准，不同城市的公交单位可根据本地区的特点，选择一定的内容，制定适合运行路线需要的表式。

现场调度工作日报实行一站一表制，对每条公交线路来说，有几个调度站，就应该填写几张工作日报表。行车现场调度的工作日报的内容主要有值勤车辆、值勤人员和运行状况三部分。

1. 值勤车辆部分包含的内容

(1) 车序号的记录

执勤车辆的秩序为正班车序号（全日行驶的车辆序号）和加班车序号（客运高峰时加入行驶的加班车辆的序号）。正班和加班的最大序号之和便是该路线的计划配车数。

(2) 值勤车辆车号的记录

值勤车辆的车号与值勤车辆的车序号（路牌）不是同一概念，前者反映的是值勤车辆按车型分类所作的车辆编号，后者反映的是车辆在运行活动中行车秩序的编号。由此可见，公交路线上每日的行驶序号是固定的，而在相应车序号行驶的值勤车辆的车号则是不固定的。

现场值勤调度如实记录所辖路线的值勤车辆以及行驶中调换车辆的车号，对反映发生在运行中车辆的事故、故障等情况有其一定的意义。

(3) 行车事故的记录

公交车辆每天在道路上行驶，常会发生行车事故。在行车事故中既包括发生在车外的交通事故，也包括发生在车内的客伤事故。所有行车事故，不论责任属谁，行车现场调度员应将发生事故的车辆车号、序号（即路牌）、值勤人员职别号以及发生事故的时间、地点、影响行车的时间在调度日报中如实反映。

(4) 车辆故障记录

车辆故障发生率的高低对公交路线的运行秩序是否正常有重大影响。现场调度人员在车辆发生故障时除了应及时通知驻站技工或者停车场修理部门迅速予以修复外，还应按当时发生的情况和内容予以记录。

车辆机件平均故障时间（秒／百公里）是指营运车辆由于机件损坏或失效而发生的故障，影响本车正常运行的单位公里时间。计算原则如下：

出场前后

①计划出场车辆发生了机件故障，影响起始站计划发车时间的，应计算故障时间，反之不计算故障时间。其故障时间为实际发车时间与计划发车时间之差。如车辆调车，应计算原车故障时间。

②出场前车辆发生机件故障，经修复后，改变始发站，须由调度室调度员在行车路单上注明修复时间与改变始发站情况，其故障时间为实际出场时间与计划出场时间之差。

③车辆发生故障并在出场前一小时调整计划，可按调整计划出场车辆，不计算故障时间，反之应计算原车故障时间，其故障时间应从原计划规定出场时间起至修复时止，如当天不能修复，则计算到计划规定到场时止。

行驶途中

①车辆在行驶途中发生机件故障，如在途中可以修复，又不影响计划规定到达终点时间的，不计算故障时间，反之应按实际迟到时间计算。

②车辆在行驶途中发生了故障，修复后，经调度员同意，不到计划终点站的车辆，如中途掉头、轧路牌等，故障时间的计算，应从车辆发生故障起至修复时止。如果当天不能修复，则故障时间应从发生故障起，计算到计划规定到场时止。

③车辆在行驶途中发生故障后，不能立即修复，到达终点站后仍需继续修理，如不影响计划发车时间的，只计算迟到时间；影响计划发车时间的，则应连续计算到修复时止。

④车辆在起点站发生故障，如影响计划发车时间应计算故障时间，反之不计算故障时间。

⑤车辆在行驶途中发生故障而换用其他车辆行驶，原车应计算故障时间，故障时间的计算应从发生故障起至修复时止。如当天不

能修复，则故障时间应计算到计划规定到场时止。

⑥加车如在上半班行驶途中发生故障，计划停驶时还未修复，则故障时间应计算到上半班规定计划停驶时止，在下半班加出前一小时还未修复，能及时与调度室联系调换车辆，则故障时间不再累计计算；如不能换车又影响发车时间的，应连续累计计算到修复或计划到场时止。

⑦发生故障的车辆，又遇火车阻塞或交通阻塞等因素迟到终点站的，故障时间的计算应将阻塞的时间扣除，扣除时间可参照未发生故障的前后车迟到时间来确定。

其他

①计划外的临时性加班车和特约车，在执行任务途中发生故障，应以发生故障起至修复时止作为故障时间，如当天不能修复，则故障时间应计算到计划规定到场时止。

②车辆因雷击、大水和肇事等意外原因使车辆损坏而引起的机件故障，经公司技术部门研究确定，可不作机件故障统计，但由于机件故障而引起的事故，仍作为机件故障统计。

③汽油用完，影响行驶，应作故障时间计算。

④进行技术试验或新产品试用而发生的机件故障（在五辆车以下），经分公司（场）技术部门事先向技术科备案，并通知分公司（场）计划科后，可不作机件故障计算，否则应计算故障时间。

2．值勤人员部分包含的内容

(1) 交接班时间的记录

公交行车值勤人员的交接班时间是特定路线的行车时刻表所规定的，行车值勤人员提前到位、准点交接班对正常行车秩序有重要作用，因而，是否准点交接班也是对行车人员的考核内容之一。现场调度人员应当实事求是地将各个车序号值勤人中的实际交接班时间与工作日报表中行车时刻表规定的交接班时间作比较，对于脱班、早退或者加班等情况可按要求填写的内容予以反映。

(2) 值勤人员职别号的记录

值勤人员的职别号,主要是指驾驶员和乘务员的职别号。由于在行车过程中,或者在同一辆车的各个班别中值勤人员由于种种原因(例如生病、肇事等原因)会发生人员的更动,现场调度人员应将这种更动及时地反映在行车日报表中。

线站调度员及其助理人员(俗称帮班)本身也属路线值勤人员的范围,其执勤的交接班也应按规定的内容认真填写。对值勤人员职别号的正确记录是有关部门对行车值勤人员考核的重要依据。

3. 运行状况部分包含的内容

(1) 车辆到达时间的记录

公交企业每条路线的车辆运行编排了行车时刻表,但是在行车实践中,车辆由于道路等情况发生慢误点或快误点到站的情况时有发生。所谓慢误点是指营运车辆晚于时刻表规定的某班次到达时刻抵达始发调度站,快误点则是指营运车辆早于时刻表所规定的某班次到达时刻抵达始发调度站。车辆的营运时间是根据车辆的性能、所行驶路线的道路交通状况确定的。车辆的快、慢误点对公交车辆的安全服务工作是不利的,因此,公交企业历来重视这方面的考核,这种考核的依据就是来自现场调度每天在调度工作的日报上的正确记录。

不管是由于什么原因发生快、慢误点,现场调度应将每个班次到达的实际时间反映在调度工作日报,并对照行车时刻表该班次按规定应到达的时刻,将误点分记录在案。

(2) 车辆开出时间的记录

为正常正车秩序,车辆应按时刻表规定的时刻从起讫站开出,如果由于车辆故障,或者车辆慢误点等原因耽误了发车时刻,现场调度应在行车调度日报上签注实际发车时间。误点时间多的须注明简要原因。

(3) 特殊调度措施的记录

路线行车秩序正常的时候,现场调度员应按行车时刻表规定的时刻收发营运车辆,路线行车秩序不正常的时候,现场调度可根据现场的具体情况采取诸如放大站改区间等特殊的调度措施。在某段时间内对某个车次采取的上述措施时应在调度日报上有所反映。

上面所述的三部分内容是行车现场调度工作日报的基本内容。由于调度日报记录的内容较多,在小小的一张报表中无法用文字表达清楚,因而根据下表列具的内容,路线营运中发生的某些情况可用符号来代替。

行车调度的主要作业符号(表5-2-1)

表5-2-1

调度作业符号	调度作业内容	调度作业符号	调度作业内容
○	车辆出场	J	纠纷
×	车辆进场		临时抽车
△	原地停驶车辆复驶	Z	车辆肇事
※	原地停驶车辆复驶	T	值勤人员脱班
+	加班车		车辆误点
●+	临时加班车	1	提早几分钟发车
	交通阻塞	3	延时几分钟发车
	区间掉头	××站	直放××站

4. 行车路单主要反映的内容

行车路单是公交营运车辆每日运行活动必备的原始记录。在正常情况下,应由当班的现场调度人员签注,在行车秩序不正常的情况下,某些内容亦可由车上值勤人员签注。

行车路单实行一车一单制,如果营运车辆在当班时间因故障、肇事或其他原因退出营运,那么代替行驶的车辆应使用新的行车路单,而不应使用被代替车辆的行车路单。

(1) 车辆的耗油情况,具体包括:

①出场存油数(KL);

②出场前加油数;

③进场存油数。

④当日耗油数（可按值勤班别分别计量）

（2）车辆的行驶里程，具体包括：

①营业公里(km)；

②空驶公里；

③总行驶公里。

（3）车辆出场前的设备情况

具体包括加水壶（电车无此项）、报话器以及车内外车况的完好程度。

（4）车辆在运行中发生的情况

具体包括纠纷、肇事、故障等情况的简要记载。

（5）各个班别的值勤人员的职号

同一行车路单内反映当日值勤过此车不同班别的驾驶员、乘务员的职别号（包括因当班人员脱班、旷工、请假等而顶替的人员的职别号）。

（6）车辆的运行状况，具体包括：

①每一行驶车次抵达始发调度站的实际时间以及比照行车时刻表的快慢误点分；

②每个车次的发车时刻；

③设立中途调度站的公交路线还应注明每个车次通过中途调度站的时刻；

④发车的起讫调度站名或到达的起讫调度站名。站名一般可简写，如从"民主路"发至"和平路"，可写从"民→和"；

⑤采取区间掉头或放站等特殊调度措施应注明。

上述内容是行车路单所必须具备的基本内容，其中（3）、（4）、（5）部分的记载应与"调度工作日报表"中的有关记载相一致。

客票结算单也是现场调度的原始记录之一。值勤乘务员（包括车上乘务员和驻站乘务员）一人一单制。除了当班售出的客票结算部分由乘务员本人填写外，其余均由与当班乘务员同班值勤的现场调度人员填写。客票结算单包含下列内容：

①车辆在某始发站某车次的发车时刻。

②在上述发车时刻发车后至对方起讫站之间将要售出的各个价目的车票的起号。

这表明在某个行驶车次行驶过程中,值勤乘务员出售有效客票的范围限定在两个起讫站的现场调度人员签注的号码之间。超出这个范围的客票,应向当班调度说明原因,经调度员同意并签上调度员职号后方能出售,否则将作为出售废票处理。

现场调度员认真签注客票结算单对公交企业统计时间分组内普客人次有很大的意义。客票结算单上的发车时间和行车路单上的发车时间应一致,有时能为寻找失物的乘客确定其所乘坐过的车辆号提供帮助。

(二)现场调度作业中原始数据统计核算

特定路线的公交现场调度人员除了对车辆和值勤人员的工作认真记录外,每天还应根据上级调度部门的要求,对所记录的原始数据进行初步的统计核算。这种初步的统计核算包含下列内容:

1. 全日营业公里的统计核算

全日营业公里表反映了某线某日实际完成的营业里程以及各种原因造成营业里程的损失,为业调部门及时采取对策提供依据。

2. 全日行驶班次的统计核算

全日行驶班次表反映某线行驶班次的完成情况,包括计划外临时增加的班次(如机动车的加入),以及因路阻等因素而采取的放站班次和全程改驶区间的班次。计划行驶班次的完成情况是衡量公交企业服务质量高低的一个方面。

3. 大间隔次数及车距的核算统计

发生在公交路线中的大间隔对公交营运秩序的正常是非常有害的。大间隔的原因既有外部的(路阻、高客流等引起),也有内部的(如故障、抛锚、纠纷造成车辆停驶、吊车)。行车现场调度应及时地在行车调度日报上注明大间隔发生的时间、最大车距,并应及时向停车场调度室汇报,争取机动车辆的支援,以缓解临时发生的供求矛盾。

在当天路线行驶时间结束后,现场调度员还应将该日发生的大间隔次数按发生的时间填写,并写明大间隔发生的简要原因,以便于上级业调部门综合分析。

三、现场营运管理和调度员工作程序

公交企业要以"营运服务为中心,以营运现场为重点"各项工作的重点向营运调度现场转移。营运调度工作的现场既包括线路上的具体工作、站务工作,也包括各级调度室的"值班调度"岗,是一个完整的现场调度指挥系统。它是落实行车作业计划及经济服务安全技术各项指标的关键环节。这个现场指挥系统,不但和企业内部的所有部门发生关系,还直接与乘车人以及有关单位发生关系,是公交企业营运调度工作的作战现场。

营运调度工作的现场管理内容包括:

1. 行车计划的管理;
2. 营运车辆的管理;
3. 劳动人事的管理;
4. 线路的设备管理;
5. 线路的技术管理;
6. 安全行车的管理;
7. 服务票务的管理;
8. 营运质量的管理。

做好现场管理工作,必须及时地掌握各种信息。做到:资料可靠,分析、判断要准确,采取措施有力。

线路调度员一日工作程序:

(一)早晨车辆出厂

1. 掌握人员和车辆签到情况,发现缺员缺车及时联系调配;
2. 查阅上一班交班联系手册,了解营运计划变动情况,做好营运计划变动准备工作;
3. 及时与对方站调度员联系,核对时间;
4. 做好签发工作和发车信息发布准备工作,督促驾、乘人员提前上车，准点发车。

（二）高峰阶段

1．按照高峰计划及时发车，遇有突发情况及时进行计划的调整，调整的原则以均衡和保持车距为主，兼顾行车秩序，确保乘客正常乘车；

2．做好信息反馈工作，通过各种设备和系统以及询问的方式，及时掌握沿线路况和客流的情况，并及时做好信息预告和汇报工作；

3．维持好站点乘车秩序，保证乘客乘车安全，预防始发站行车事故的发生。

（三）低谷阶段

1．按行车计划做好抽加车的安排落实工作，平衡好行车间隔，及时调整好行车秩序，按时向上级部门汇报高峰营运情况；

2．做好站点"定位停车"工作，使乘客上车目标明确，杜绝上错车。组织好驾、乘人员用餐工作；

3．做好驾、乘人员的交接班工作，组织好预备人员和备车对缺勤人员及车辆的顶班工作；

4．督促和检查车辆清洁和卫生、故障排除工作，做好营运中车况完好工作；

5．加强与对方调度人员的联系，做到互通信息、协调工作，同时做好与下一班调度人员的交接班工作。

（四）夜间营运结束阶段

1．根据客流情况，逐步调整营运车辆，按计划做好车辆按时进场、定位停车工作；

2．向上级部门汇报当班及全天营运情况，做好报表记录和指标结算；

3．做好次日营运计划的要求交待，以便早班调度人员及时掌握；

4．做好站点清洁卫生工作，将工作用品摆放整齐，确保工作环

境整洁;

5. 接受好最后一班车辆,待线路全部车辆收齐后方可离岗。

第六节 常见事务的处理

城市公交行车现场情况千变万化,时常会发生各种意外情况。在客流高峰时间,行车秩序混乱及恶劣气候情况下更容易发生。现场调度管理人员应具备处理一些常见的意外情况的知识和能力。

一、特殊情况的处理

(一) 车辆误点,产生大间隔

车辆因各种情况产生误点脱档,造成大间隔,就会对营运秩序带来混乱,影响乘客乘车。因此,为减少乘客的候车时间,加强车辆的周转,可采用以下强化调度方法:

1. 到站车辆误点时间未超过规定发车时间,应减少停站时间,及时发车。

2. 到站车辆误点时间较长,并有多辆车同时到站,可采取放站措施(沿线同一站点只能连续放过两辆车)。

3. 到站车辆误点时间较长,可中途掉头或校正路牌,校正路牌时间应在客运低谷时间进行,采取掉头的车辆,不得连续两辆掉头,区间车及线路长度不足5km的不得掉头。注:夜宵车及机动车的头末班车应每站停靠。

(二) 异常气候

在运营现场,如遇到恶劣天气,往往会干扰正常的营运活动,对乘客乘车带来影响。因此,在恶劣天气和防汛期间,在营运现场对营运车辆采取统一指挥、强化调度,确保营运活动的正常进行。行车调度可采用以下方法:

1. 根据特殊天气的恶劣程度和客流变化情况,可临时改变行车作业计划。

2. 行车线路遇有大雨，某区段积水深度和范围超过有关标准可临时采取绕道行驶或缩短行驶线路的措施。

3. 雾天行车能见度未低于有关标准时，可继续行驶，但应采取限速措施；低于有关标准，应就地停驶；如接近收车时间，应由管理人员和乘务员在车下领车，以最低（3～5km/h）的速度行驶。

4. 遇有特大暴雨的，经报上级领导批准，车辆可暂停行驶，待暴雨缓和后，再恢复行驶。

遇有特殊天气，需要改变行车作业计划、延长单程行驶时间、放大间隔等，要经上级调度部门批准后逐级通知统一实施，其他任何部门不得擅自变更。

（三）交通阻塞

城市公交营运现场交通阻塞，一般可分为中途阻塞、起讫站阻塞两个方面。

1. 中途阻塞

中途交通阻塞一般指突发性的交通阻塞，造成线路局部或全线中断，使全线行车秩序严重混乱，在这种情况发生后，线路的两头起讫站往往集结起相当多的乘客候车，当阻塞时间过长，特别是上下班高峰时间或天气恶劣情况下阻塞，大多数乘客会情绪激烈，怨言百出，个别乘客甚至会到起讫站调度室进行指责。如果现场调度管理人员头脑缺乏理智和冷静，往往会发生混乱局面，造成不良后果。

当路线行车现场发生这种情况时，现场调度管理人员应头脑冷静，并做好以下几个方面工作加以处理：

（1）尽快弄清路线阻塞地段，阻塞原因，可能阻塞的时间，并及时向上级有关部门汇报并争取支援，以便及时疏散乘客。

（2）使用现有的宣传广播手段及时向起讫站候车乘客说明阻塞情况及可能阻塞的时间，对可能出现的长时间的交通阻塞，动员乘客们改乘其他线路，以缓和广大候车乘客的不满情绪并取得他们的谅解。

（3）如遇阻塞时间过长，而乘客情绪激动，经宣传无效时，为了安全起见,现场调度管理人员应及时回避,以免发生不良后果。

(4) 当阻塞一解除,现场调度管理人员应及时采取各种调度措施,以最快的速度疏散积压乘客。

2. 起讫站阻塞

当起讫站发生阻塞情况,现场调度管理人员应及时了解发生阻塞原因,并尽快采取各种措施解除阻塞。一般处理方法有:

(1) 对于驾驶员驾驶作风所引起的阻塞,现场调度管理人员应及时去现场对双方驾驶员进行劝解,在劝解过程中应公正对待,请双方相互谦让,及时解除阻塞,保持道路畅通。

(2) 如遇交通肇事引起阻塞,现场调度管理人员应不管是哪方车辆肇事,都应及时通知公安部门,请他们迅速派员前来解决,但现场调度管理人员不能擅自移动现场。现场调度管理人员应尽量采取有效的调度措施保持线路畅通,并及时将现场阻塞情况向有关部门汇报。

(3) 如是交通车辆故障造成阻塞,现场调度管理人员应立即动员乘客和过路群众帮助推车,使道路畅通。

二、行车事故的现场处理

车辆在行驶过程中往往会发生各种事故,而有些事故往往会发生在起讫站附近。一般情况下起讫站调度室无专职事故处理员,那么事故现场一些处理就应由现场调度管理人员进行应急控制和处理。

调度管理人员,应具备基本控制和处理事故现场的常识,当事故发生后,现场调度管理人员既要妥善处理好事故现场,又要安排好车辆调度,而这些工作往往要在很短的时间内完成。下面就介绍一些控制和处理事故现场的基本常识。

(一) 行车事故

1. 定义

凡车辆在行驶中或停放时,发生碰撞、挤压、颠翻及机件失灵和急刹车造成车内外人员伤亡、车辆财物损坏的事件,均称为行车事故。

2. 事故现场的处理

当行车事故发生在起讫站附近，调度管理人员应及时控制和处理事故现场，并保证线路畅通。具体处理方法有：

（1）如起讫站有两个调度管理人员，应一个应付事故现场，一个调度车辆；如果仅有一个调度员，应请站上有关人员协助。

（2）现场调度管理人员首先要了解行车事故的基本性质，是人员伤亡还是车辆损坏，并及时了解肇事车车号、行驶方向、肇事时间、值勤行车人员姓名工号，及时向公安交通部门和上级部门进行汇报。

（3）如遇重大人员伤亡事故，现场调度管理人员应指挥并协助抢救伤员，拦截过路车辆送伤员去市区大医院（注意：送伤员车辆尽量不要动用公交车辆，为了防止发生不必要的意外），并用粉笔画出伤员倒地位置；如遇伤员被车轮压住，不要发动车辆，应动员过路群众抬起或推动车辆，以免车辆起动加重伤员的伤势。伤员送往医院抢救，当班驾驶员不要随同去，乘务员要陪同伤员一同前往。现场调度管理人员应立即将驾驶员保护回避，以防不测。

（4）当起讫站发生行车事故后，现场调度管理人员除了了解事故性质、抢救伤员外，还应协助保护事故现场，如：伤者自行车、物品血迹位置等，等待公安交通管理部门有关人员来现场勘察处理。如人员已死亡应用草包或塑料布将死者盖住。

（5）行车事故发生后，为了更好地处理善后事宜和分析行车事故责任，现场调度管理人员应及时寻找证人。寻找证人要注意他们当时所站立的位置和其视线，是否是亲眼目睹，简单地了解一下他们的目睹情况，但调度员无权作笔录，事故现场笔录应由公安交通部门来作，现场调度管理人员应抄录证人的姓名、单位、具体地址和电话号码。

（6）当现场调度管理人员处理完以上事宜后，应立即打电话告知公安交通部门和上级部门，告知事故发生时间、地点、肇事车号、事故伤亡简况，伤亡人员所送的抢救医院，肇事人员的姓名，并请他们迅速派员前来处理。

(二) 客伤事故

1. 定义

客伤事故一般指车内乘客由于急刹车或行车人员关门不当所造成的人员伤亡或财物损失事故。

2. 客伤事故的处理

行车客伤事故发生后，一般会到起讫站来解决，公安交通部门一般不受理解决，而由肇事单位与伤者自行解决。起讫站现场调度管理人员遇到客伤事故，一般应做好以下几个方面工作：

（1）现场调度管理人员遇到客伤事故，应首先了解客伤事故的性质，如遇重大人伤要立即想法送伤员去有关医院抢救，抢救方法同行车事故处理方法。

（2）客伤事故发生后，如遇乘客伤势较轻或物损较少，现场管理人员应了解事故发生的经过及原因，但不要下结论，应以听为主，分析事故时应站在公正的立场上，对于伤势轻而主要有情绪的乘客，应作好解释工作，使受伤乘客在心理上得到平衡，这往往能起到缓和矛盾、大事化小的积极作用，而不能撒手不管或推卸责任。对于伤势不重但需去医院治疗的受伤乘客，应积极动员其本人去他所在的医保医院就医。

（3）客伤事故发生后，往往乘客会提出有关赔偿的问题，现场调度管理员应对本公司有关处理事故的原则政策有所了解，对乘客解释清楚，以免乘客产生误解，给以后处理留下隐患。

（4）客伤事故发生物损赔偿原则，在一般情况下，现场调度管理人员应认真了解情况，做好乘客的安抚、解释工作，根据有关规定酌情赔偿。对物损或赔偿数额较大的不应轻易答应赔偿或修理，应请乘客去上级部门处理。

（5）客伤事故发生后应详细记录事故的车号、行车人员姓名、职号、发生地点、时间、伤者姓名、单位、家庭地址、电话、伤势和物损情况，初步处理结果，并及时向上级部门汇报备案。

（6）当客伤事故发生后，在起讫站调度室内外往往会有部分群众围观甚至起哄,从而影响调度管理工作的正常进行。现场调度管理人员应耐心向围观人员作宣传解释工作,请他们离开现场,避免发生争吵和冲突,使事态扩大。

在起讫站附近不论发生行车事故还是客伤事故,现场调度管理员应冷静,尽快做好事故现场处理工作,不要顾此失彼,因为现场调度管理人员的基本职责是正确调度运行车辆,使路线营运正常。

三、乘客纠纷与乘客失物的处理

(一)票务纠纷

1. 含义

票务纠纷一般指乘务员与乘客发生票务上的纠纷。

各单位在进行经济指标考核时把营收放在重要位置,营运中的票务矛盾经常发生,而其结果往往到起讫站请现场调度员解决。这种情况在客流高峰和车辆脱档时更容易发生。

2. 票务纠纷处理方法

(1)简单了解票务纠纷发生的事情经过,然后先请乘务员上车正常工作。

(2)遇逃票或过站乘客,应进一步了解情况指出其错误行为,并进行适当教育,按实际情况,按规章制度进行补票处理。

(3)遇乘客反映乘务员给钱不给票或废票,忘给找头等的票务纠纷要细致了解事情经过,认真核对,不能轻易下结论,必要时交上级有关部门进行解决。

(二)行车纠纷

1. 定义

行车纠纷一般指车辆在运行过程中行车人员与乘客由于某种摩擦而发生的纠纷。

2. 行车纠纷的处理

当前道路交通拥挤,公交的营运服务与人们的出行需求存在差距,人与人之间有时还欠缺礼让精神,由多种因素而引起的行车纠纷常有发生。公交线路上发生的行车纠纷,往往会到起讫站调度室来要求解决。现场调度管理人员接手处理行车纠纷时要保持冷静，以理服人，得理让人，应及时按计划调度车辆，确保路线正常运行。具体做法是：

（1）将行车纠纷的双方当事人及时劝解到调度室，并及时做好围观人员的思想工作，以防止围观人员冲击站屋。

（2）及时了解行车纠纷起因及经过，产生的后果，如果纠纷无大的后果，应做好双方思想工作，平息事态，达到双方互相谅解，并督促行车人员上车进行正常工作。

（3）如遇发生的行车纠纷较大，后果比较严重（如有人员受伤，车辆被损坏，乘务员票款、工具被抢等），在这种情况下，现场调度管理人员已无力解决，应迅速将行车纠纷的双方当事人送上车，到公安部门或地区联防治安部门处理解决。并及时向上级有关领导汇报，以便派人前去解决。

（三）乘客失物的处理

在行车过程中，常有个别粗心乘客将物品遗失在车上，到起讫站后会由乘务员或乘客交给调度员，现场调度管理人员应按有关规定进行处理。

1．车上行车人员拾到失物后，必须交至站上进行登记，不得自行交还乘客，以免发生不良后果。

2．现场调度管理人员收到行车人员或乘客交来的失物后，须当面与交物人清点清楚（如遇特殊失物、可疑失物应会同公安人员、保卫部门人员共同清查）。如遇失物系加固或密封的，一般不予开封，要开封须有第三者到场证明。

3．收到失物，清点完毕，应立即详细填写"失物登记单"（一式三联），不可漏登或补登，第一联交拾物者保存，第二联随失物上交，第三联作为存根备查。

4．失物应放进专用保管箱，任何人不得私自挪用、调换，交接班时应交待清楚。

5．失物应在规定日期内及时上交，如遇贵重、机密物品应当天上交，以免发生不测。

  6. 对于鲜活物品，24 小时内无人认领，可按市价拍卖，钱款登记上交。

  7. 建立失物联系登记本，遇有乘客书面、口头、电话查询，应负责协助查询，如查无此物应采用登记办法进行查考。

  8. 发还失物时应当手续齐全，首先应由失主口头说明失物的名称、数量形状、遗失时间、地点及特征，经核对无误由失主凭本人身份证，填写失物单有关条款后核对发还。如遇贵重物品或认为其冒领情况可疑时必须有失主工作单位出具证明领取，如遇有二人以上共同领取同一物品时，案情复杂应报请就近公安机关解决处理。

  9. 失物登记单要妥善保管，不得任意涂改、销毁或遗失，应按月整理归档。如果保管的失物有遗失或损坏应负责赔偿。

四、车辆常见故障简介

  在线路营运现场，因车辆故障而影响行车秩序不正常情况常有发生，为此，调度员了解、熟悉和日常积累一些车辆常见机械故障常识，将有助于营运调度管理，对提高城市公交供应服务质量，做好车辆的正常运行和安全行车具有很重要的意义。下列试举例，仅供参考。

  1. 轴承响，营运期间客流无论多少，应停驶检修；异响不严重，应轻载运行；车辆重载引起摇晃时立即停驶。

  2. 活塞敲缸响，响声不严重可继续营运。

  3. 离合器分离勿清，吃排困难；严重时难以吃进排档或起步不稳，应采取放大站车或者停驶措施。

  4. 离合器打滑，重车起步难，易打滑，多耗汽油。指导司机起步时，小油门抬离合器动作稍快一点，停站尽量找平地或停在下坡度处。

  5. 变速器异响，查明原因，若是挡位齿轮坏，指导司机不用该档行驶。

  6. 变速器跳档，一般不影响营运，可指导司机不要急抬离合器，轻踩油门。

7．变速器乱档或卡档，车辆不能行驶，立即组织检修。

8．转向突然沉重，对行车安全威胁重大，查明原因再行驶。

9．低速摇头，对安全行车威胁重大，查明原因再放车行驶。

10．高速摇头，对行车安全威胁重大，查明原因再放车。

11．车辆跑边，先检查：(1) 两前胎气压是否一致；(2) 是否有一边车轮制动拖滞；(3) 前钢板是否折断；(4) 摸钢板骑攀螺丝是否松动。查前四项无异样可行驶，但要提醒司机注意安全行车。

12．制动气压打不上，立即查明原因进行修复。若出气管、贮气筒管路堵、松、漏一时难以查明，提醒司机与乘务员尽量少用气。

13．制动效能不良，应查明原因，待故障排除后方可放行。

14．车门自动开启，会造成客伤事故，组织检修，如一时难以修好，指导乘务员动员乘客注意安全。

15．车门打不开，影响乘客上下车，降低了技术车速，改放大站车，组织检修。

16．机油表不走，及时查明原因，否则会造成发动机咬刹。

17．化油器溢油，会造成火灾，经检修不溢油后方可继续行驶。

18．方向灯不亮，不能违反交通条例，应停驶检修。

19．大光灯不亮，不能违反交通规则条例，夜里停驶检修，白天没有影响。

第五章 新技术设备的应用

公交的发展在整个现代化城市建设中有着举足轻重的作用。人们的出行要达到便捷、舒适,这就要求城市公交必须运用高新技术,不断更新服务硬件,最终形成城市智能化交通以适应人们的出行需求。

新技术设备在城市交通行业内的推广和应用,对改善和提高服务质量、方便乘客、提高城市精神文明建设层次、促进企业经济效益等方面都起着积极的作用。目前研制开发使用的项目主要有:电脑报站、出行查询、电子屏幕显示、车辆行驶记录、车用监视、GPS调度监控等,现结合公交营运服务工作实际,择其主要介绍如下:

一、电脑报站控制器(BZJ-1、BZJ-1C、BZJ-2、BZJ-2C)

目前使用的电脑报站控制器主要有4种型号,它们的基本功能相同。

(一)特点

1. 抗干扰能力强、工作稳定。

2. 语言合成音质逼真,声音清晰。

3. 减化步骤,操作方便、直观。

4. 允许同时输入8条路线的语言信息,能播放背景音乐,并能中英文播报站名。

5. BZJ-1C 和 BZJ-2C 产品具有自动控制车辆头、尾、腰部的"电子路别标志牌"和车内的"站级信息显示屏"显示内容的功能,能更好地为乘客提供优质服务。

(二)应用说明

电脑报站控制器设有6只按键,12项基本功能。

1．"进站"、"七不"

当按本键小于1秒,本机根据当前数码显示的站级播报进站服务用语;当按本键大于1秒,则播报遵守"七不"规范用语。

2．"出站"、"上下行"

当按本键小于1秒,本机数码显示器显示站级数进一,并根据当前显示内容播报出站服务用语;当按本键大于1秒,即改变当前上、下行方向。

3．"重复"、"让座"

当按本键小于1秒,即实现重复播报上次进站或出站主要服务用语;当按本键大于1秒,则播报请乘客让座服务用语。

4．"转弯"、"过桥"

当按本键小于1秒,播报车辆转弯服务用语;当按本键大于1秒,则播报车辆过桥服务用语。

5．"售票"、"过道口"

当按本键小于1秒,播报售票或请乘客投币服务用语;当按本键大于1秒,播报车辆过道口服务用语。

6．"停止"、"音量"

当按本键小于1秒,立即停止当前正在播报的语音;当按本键大于1秒,改变语言播报的音量。音量共有4档可调,可根据环境的需要来选择。

(三) 设置功能

当电脑报话控制器操作到终点站时,自动进入设置状态,显示器显示"H"。这时,若无需设置,可按"进站"或"出站"键退出设置回到基本工作状态,而按其他四个键就可改变电脑报站控制器原定设置数据。以下简单介绍此时其余四个键的设置功能。

1．"重复"

按本键,能改变当前需要设置的上、下行方向。

2．"转变"

按本键,当前需要设置的站级数进一。

3."售票"

按本键，改变当前行驶方向的站级停否情况。

4."停止"

按本键小于 1 秒，改变当前设置的调度方案（如区间车），并播报确认的调度方案；按本键大于 1 秒则变更路线（如果本机中已经输入了多条路线的语音信息的话），并播报变更后路线的常规调度方案。

设置工作完成后，只要按"进站"或"出站"键即可退出设置工作状态，进入基本工作状态。

（四）话筒

本电脑报站控制器自带外接话筒，话筒上有车内、车外喇叭按钮。在必要时，行车人员可手持话筒向车内、车外喊话。嵌入式电脑报站控制器的话筒与机身之间用快速接头连接，行车人员可以很方便地拔下话筒带走。

二、"IC 卡自动付费系统"

公交采用先进的 IC 卡自动付费系统（俗称"一卡通"）始于 1999 年底，表明上海城市公交现代化建设和管理开始跃上一个新台阶。

（一）IC 卡（集成电路）是具有加密、存储、处理能力的集成电路芯片镶嵌于塑料基片上面制成的卡片。20 世纪 70 年代首先诞生于法国，20 世纪 80 年代初产品化，由于其具有存储量大，寿命长（10 万次），防磁，抗干扰强，私密，安全等优点，很快进入社会经济各领域。

（二）车载电子读卡机

读卡机又称 POS 机，是 IC 卡电子付费系统最主要的终端设备，承担对乘客所使用的乘车卡的安全认证、扣额操作、数据存储等工作，可准确无误地显示扣款单价、剩余金额等，操作十分方便。

（三）实际操作

在已开通 IC 卡电子付费系统的营运线路中，车上都安装有 POS

机。上岗时,行车人员应将编号与本人工号已注册过的工作卡按规定插入,进行签到操作。POS 机在接到输入的信息后显示该卡的号码,行车人员经辨认无误后,将卡退出,此时 POS 机进入营业状态,之后发生的乘客乘车费用将记录在当班行车人员的个人资料内,不会与上一班行车人员的营收总额混淆。乘客上车后应将 IC 卡置于 POS 机感应区 6cm 之内,等到 POS 机发出"嘟"声,表示扣款完成时再离开。如遇 POS 机发出"不能使用"、"无效卡"、"请去充资"等提示,行车人员应提请乘客支付现金,并建议去发售点充资。行车人员下班时应按规定使用工作卡签退,如遗忘这一程序,将影响下一班行车人员使用该机,同时还可能影响你当天营收数据的采集与日后的结算。

(四)注意事项

1. 初次使用 IC 卡的乘客可能操作不熟练,行车人员应耐心引导,避免不必要的纠纷发生。

2. 行车人员平时应加强对设备的监管及保养,保证 POS 机的正常运转。

3. 读卡机发生故障或未开启致使无法使用时,持卡乘客可以拒绝支付车费。

三、出行查询

(一)立项背景

上海是一个国际化大都市,人口众多,地域广阔,大路小街错综复杂,近千条线路犬牙交错密布全市。近几年来,由于上海城市建设的飞速发展,公交线网布设相应发生了很大变化,并随公交线路的新辟、调整日复变动。在线路增加、服务区域扩大以及服务形式多样化的情况下,乘客在出行时对公交信息的需求也大大增加。怎样选择最佳的出行乘车路线和转乘方式,不仅对外地来沪人员,即使对本地市民而言也决非易事。依靠查阅地图、手册获取信息的方式一方面并不适合于所有出行者,另一方面也不能保证信息的时效性和可靠性,为方便市民出行,建立一个公交信息查询系统已成当务之急。

(二) 系统概况

1999年7月《上海市公共交通出行问询系统》顺利通过鉴定投入运行。该系统能够用交叉口、集散点、居民新村、线路站点、著名建筑物、企事业单位等多种方式定义出行的起点和终点，通过系统的搜索计算，向乘客提供最佳的出行路线和转乘方法、换乘次数、乘行步行距离辅助信息，为出行者出行提供参考。系统每次查询的时间一般为5秒左右，最多不超过10秒。

系统包括的地理范围除了上海市中心城区之外，还包括嘉定、闵行、青浦、宝山地区的大部分及浦东新区的全部，总面积约2550km^2。为满足乘客问询甲乙两地乘车方法，系统储备了相当数量的基础数据，其中包括近500条公交线路约15000只站点、6979个交叉路口、150个居民新村小区、72个公交集散点、地铁一号线、二号线、17条黄浦江轮渡以及医院、学校、宾馆等22大类唯一名称的企事业单位数据。对不熟悉路况的乘客来说，不啻是一种迅速、方便而又准确的乘车指南。

(三) 查询方式

目前该系统主要有三种查询方式供市民选择：

1. 电话查询

查询者可拨打出行查询专线160，将出行的起讫地点告诉系统，系统便能回答你最佳乘行路线。

2. 网络查询

通过点击"上海交通网站"www.jt.sh.cn，根据网页介绍，可以帮助你进行换乘查询、线路查询等方面的内容，充分满足你的查询需要。

3. 电脑触摸屏查询

触摸屏式出行查询系统由于图、文、声具备，而且直观、明了，所以操作起来极其方便。查询者可以根据显示屏的提示，按步骤操作便可以轻松地查询到你所需要的信息。目前，上海已将该系统安装在一些枢纽站,如火车站、地铁站,以及主要地面公交站点,大大方便了市民的出行,也给外地乘客在上海的旅行提供了相应的便利。

四、智能化调度监控

智能化调度监控系统是整个智能化车辆监控系统的一个组成部分,它是通过建立在电子信息平台上的管理设施监控系统,对营运过程进行全程监控调度。它具有以下一些功能:

1. 信息高速传输;
2. 信息识别和定位;
3. 自动选择;
4. 数据处理。

智能化调度监控系统因具有非常突出的优势,并且作为整个公共交通智能化的重要组成部分,正日益受到公交行业的重视。以上海目前发展过程来看,该系统正从开发单车控制、单条线路调度控制逐步向公交枢纽站区域调度控制发展。

公交 GPS 调度监控系统是利用 GPS 全球定位系统技术与 GIS 电子地理信息系统技术,采用无线电及计算机车辆管理信息相结合,对营运的车辆进行全方位、高频度、高精度的监控调度,从而保证了车辆安全快捷地完成营运任务,提高营运服务质量。

该系统主要由车载终端设备(GPS 通信终端、电子信息地图)、通讯平台和调度监控中心组成,对车辆调度中心、线路起讫站以及沿途信息发布站等组成一个营运监控网络进行监控调度管理,实现车辆定位跟踪和调度管理诸多功能。其功能主要表现在以下几个方面:

1. 车辆定位跟踪——利用 GPS 和电子信息地图实时显示出车辆的位置,通过无线电通讯和红外装置显示车况信息、载客信息,同时接受调度管理中心指令。

2. 信息查询和显示——通过数据传输将有关车辆到达时间及位置等营运信息以文字、语言、数字及图象的形式在起讫站、中途站以及车内的电子动态显示屏上发布。

3．调度指挥——调度监控中心通过电子屏幕随时可以监测区域内车辆运行情况，自动或人工对其进行优化调度。

4．紧急援助——对遇有险情或发生事故和故障的车辆进行紧急援助。

该系统主要特点：具有较高的自动化程度，能够及时收集运行过程中各种信息，并进行识别处理。能对各种数据自动进行记录和统计，正确率较高。

从目前使用情况来看，已给地面公交的运行带来几大变化：

1．利用线路客流高峰时差实施跨线营运，使运能资源共享，提高运送能力和应变能力；

2．均衡中途行车间距，提高车速，充分提高车辆的有效利用；

3．规范驾驶员行为，对安全驾驶进行监督，提高安全行车系数；

4．加快车辆抢修速度，提高抢修能力。

目前，上海城市交通管理局已做出规划，从2005年开始，在本市公交车辆上逐步安装GPS监控系统，全面提升地面公交营运调度智能化程度。

五、公共交通电子动态显示系统

该系统是通过动态屏幕显示将各种公共交通信息实时告诉出行的人们，为你选择出行的时间和出行的路线提供便利。

该系统主要由电子路牌、电子站牌、电子大屏幕、车载多媒体显示屏等组成。利用卫星定位技术、数据传输技术，计算机将获得的各种实时信息经过处理后以图文的形式显示于屏幕。目前上海已经在一些集散中心、公交枢纽站、地铁等处安装了大型电子动态显示屏。在地铁列车、公共汽（电）车、出租车上安装了大量的车载电子显示屏、多媒体显示屏，在一些重要的公交站点、道路交叉口安装了电子动态显示站牌、电子道路信息牌及其他电子交通信息牌等。

该系统的主要特点就是将道路上发生的各种情况，车辆运行动态如预计到站时间、车行速度、车辆方位、等候时间等各种交通信息即时醒目地告之出行的人们,人们通过这些显示屏获得道路交通的即时信息,迅速地调整自己的行径方案,选择最佳路线、方式到达目的地,这样使得人们在出行过程中由被动变为主动,提高了人们出行的效率。

六、车用监视器

车用监视器是由摄像探头和显示器两部分组成,摄像探头一般安装在靠车门的车厢顶部和车厢尾部,具有红外照射和自动调节功能。显示器由6英寸黑白显示屏组成,主要用于车辆的倒车和无人售票车下客车门的监视。

车用监视器靠的是图象传感技术,能使远离下客车门的驾驶员对车门情况一目了然,降低了无人售票车门客伤事故和倒车时行车事故的发生率。

七、车辆行驶记录仪

车辆记录仪是一种用于监视、记录、存储行驶过程中车辆在各种工况下技术数据的装置。它可以自动记录车辆在行驶过程中各种有关数据并及时分析发出预警或紧急警报。

该系统主要功能包括:

1. 可实时监察并记录车辆行驶的各种状况信息;
2. 记录车辆的上下车人数和进出站的运行情况;
3. 可提供事故分析参数,帮助确定事故原因;
4. 故障诊断;
5. 分级超速报警(根据事先设置的各级速度进行超速报警);
6. 可对任何时段的车辆运行状况进行统计分析。

该系统主要由车辆行驶状态记录仪、计算机、车辆行驶状况数据分析软件三部分组成。各种数据经过处理与分析,可以进行查询、显示、设置、存档、打印。